教你炒期货
基于概率思维与逻辑思维的交易系统

Jerry Ma ◎ 著

电子工业出版社
Publishing House of Electronics Industry
北京·BEIJING

内 容 简 介

期货交易的本质是概率的游戏，要想在这场概率游戏中取得成功，就需要通过基本面分析来找到大概率事件，利用技术分析来选择参与大概率事件的时机，同时结合资金管理来防范小概率事件。本书包括了一个初级交易员所需的入门信息，内容逐步深入至详细实例和问题解释，对高级交易员也大有裨益。此外，本书对研究经济、金融、期货及对宏观经济和产业经济感兴趣的读者来说，是非常不错的入门读物，也可以作为在校师生的参考读物。

本书侧重于建立一套完整的期货交易系统，从交易理念到具体的交易方法再到实施和执行的全过程，是目前关于基本面分析和技术分析及资金管理的十分全面的期货图书。本书深入介绍了基本面分析的方法，并结合技术分析与资金管理等方式来提高交易的胜率与赔率，让交易者追求盈利最大化和亏损最小化这一目标。本书语言流畅、内容涉猎广泛，期货交易中几乎所有可能出现的情况在本书中均有讨论和解析。

未经许可，不得以任何方式复制或抄袭本书之部分或全部内容。
版权所有，侵权必究。

图书在版编目（CIP）数据

教你炒期货：基于概率思维与逻辑思维的交易系统/Jerry Ma 著. —北京：电子工业出版社，2019.5

ISBN 978-7-121-36207-1

Ⅰ.①教… Ⅱ.①J… Ⅲ.①期货交易－基本知识Ⅳ.①F830.9

中国版本图书馆 CIP 数据核字（2019）第 057394 号

策划编辑：董　雪
责任编辑：张彦红
印　　刷：北京天宇星印刷厂
装　　订：北京天宇星印刷厂
出版发行：电子工业出版社
　　　　　北京市海淀区万寿路 173 信箱　邮编 100036
开　　本：720×1000　1/16　印张：12.5　字数：200 千字
版　　次：2019 年 5 月第 1 版
印　　次：2025 年 1 月第 17 次印刷
定　　价：59.00 元

凡所购买电子工业出版社图书有缺损问题，请向购买书店调换。若书店售缺，请与本社发行部联系，联系及邮购电话：(010) 88254888，88258888。

质量投诉请发邮件至 zlts@phei.com.cn，盗版侵权举报请发邮件至 dbqq@phei.com.cn。

本书咨询联系方式：010-51260888-819，faq@phei.com.cn。

序　言

　　期货市场注定是一个充满话题的市场，有人在这里功成名就，有人在这里折戟沉沙。期货最大的好处就是给所有参与者希望，期货最大的坏处就像吸毒，会上瘾并且会伤身、伤钱。无数期货交易者都是踌躇满志地投入期货市场当中，幻想自己能成为下一个"期货大鳄"，而绝大多数交易者都怀着遗憾甚至悔恨的心情离开了这个市场。

　　笔者从2008年开始做股票，从2011年开始做期货，经历过无数的欢笑与泪水，有过大赚之后的喜悦，有过大亏过后的沮丧。不断寻找着交易中的"圣杯"，企图能够找到一种一劳永逸战胜市场的方法，尝试过多种以技术指标为主的交易系统，结果发现，这些交易系统在一段时间内或许很好用，但过了一段时间之后，再用这套交易系统会损失惨重。由于具有经济和金融的专业背景，笔者又开始转向以基本面分析为主的主观交易系统。由于市面上大多数关于期货的书籍都是介绍技术分析的，很少有介绍如何进行基本面分析的，所以笔者总结了基本面分析的思维框架。

　　在多年的交易过程中，笔者不断记录着库存、基差、期货走势等数据，总结着自己的经验，后来慢慢形成了以库存和基差为核心的基本面分析框架。在绝大多数时候，这种分析框架得出的结论都是比较准确的，直到后来笔者发现自己忽略了一个重要的因素，那就是产业利润。当笔者把基差、库存、产业利润三个因素进行综合考虑时，终于得出一个相对完善的基本面分析框架，利用这套基于逻辑思维得出的分析结果，对行情未来发展方向判断的准确率非常高。

当笔者总结出一套可以相对准确地判断出未来市场大方向的分析方法之后，曾天真地以为期货市场从此会成为自己的"提款机"，后来发现，在期货市场中判断对未来市场的大方向其实是远远不够的，因为即使你方向判断对了，倘若没有找到一个有利的入场位置，你会在市场中遭受巨大的煎熬，甚至会怀疑自己的判断，因为大多数交易者在面临亏损时出于恐惧的心理会产生自我怀疑。所以笔者又开始思考，当学会判断市场方向之后，如何来寻找一个有利的入场位置，这时技术分析给了笔者很大的帮助。

从最初接触股票开始，笔者就研究了各种关于技术分析的理论，无论是 K 线组合理论、价量理论、江恩理论、波浪理论、形态理论、混沌理论还是缠论，都认真学习过，也在实战中运用过。最后笔者选择了最简单的形态理论及分型理论作为择时入场的技术分析手段。其实从某种意义上来说，任何一套理论本质上都属于形态理论。在实战交易过程中，笔者在确定了市场方向之后，通常会以顶分型或者底分型作为入场信号，这在一定程度上有助于确定一个相对有利的入场位置。

当笔者意识到"基本面分析是基于逻辑思维来得出一个市场未来方向的确定结果，而技术分析是基于概率思维来找到一个对自己更加有利的位置"时，将基本面分析与技术分析进行了有效融合。当理解了"利用基本面分析来选择可以交易的品种及方向，利用技术分析来寻找进出场时机"

时，笔者的交易体系更加成熟了，可以总结为以下几句话。

- 高库存+期货高升水+高利润+技术信号=择机做空
- 低库存+期货深贴水+低利润+技术信号=择机做多
- 高库存+期货深贴水+高利润+技术信号=择机正套
- 低库存+期货高升水+低利润+技术信号=择机反套

这个结合了基本面与技术面的交易策略在实战中的威力十分强大，如果能够结合良好的资金管理，你会发现期货交易并不像你想象中的那么难。这套交易理念虽然看似很简单，但是从总结到实战运用花费了笔者数年的时间。当一些在期货交易中经常亏钱的朋友们运用了笔者的这套交易系统后，瞬间打开了期货交易的分析思路，甚至有的朋友激动地告诉笔者，运用了这套交易系统后，他终于不再稳定地亏钱了，而是已经实现连续几个月的正收益了。

当然，对这个结果笔者并不感到意外，因为当笔者自己在使用这套交易系统时，一年12个月当中有8~10个月都是正收益，甚至有时候能够做到每个月都是正收益，所以笔者对此深信不疑。

需要声明的是，由于不同的交易者在禀赋上的差异，不敢保证每一位读者学习了这套交易系统之后都能够获得稳定的盈利，但笔者相信，你一定可以从这套交易系统当中学到一些非常有用的东西，你可以把其中有用的部分融合到自己的交易系统当中，这同样会促进你的交易，提高你的交易水平。

当然，期货交易是一个循序渐进、不断学习和不断累积的过程，它要求交易者首先有正确的交易理念，其次是拥有一套科学的交易方法，最后才是拥有良好的执行力。

因此，本书按照这个逻辑顺序，第 1 部分先给广大期货交易者灌输一些正确的交易理念，例如交易本质上是概率的游戏，趋势跟随、过滤震荡、稳定的盈利才是暴利等交易理念。本书的第 2 到第 4 部分主要讲述的是科学的交易方法，主要包括如何通过基本面分析寻找潜在的交易品种和交易方向，如何利用技术分析寻找进出场的时机，以及如何通过资金管理在判断正确时获得最大的收益，在判断错误时遭受最小的损失。本书的第 5 部分主要介绍了如何在交易中保持一致性交易原则。这 5 个部分相互结合，就是一套完整的基于概率思维与逻辑思维的交易系统。

需要注意的是，黄金、白银期货并不适合这种分析方法，因为在使用基本面分析时，大多是从供需的角度考虑。当然供需是有弹性的，以需求为例，大部分商品的需求相对稳定，从而可以确定商品的需求与其他变量之间存在稳定的关系。但是有的品种就是例外，它们的需求不仅高度不稳定，而且也很难确定该需求对于其他变量是否有明显的稳定关系。黄金就是这样一种商品。

黄金的需求基本上取决于市场对黄金价值的心理感知，与此同时又会依赖于无数个相互关联的因素，例如通货膨胀率、银行存款利率、货币汇率的波动、贸易的平衡等一系列因素。更加让人难以判断的是，这些复杂的影响因素在不同时间和不同阶段其影响作用的大小各不相同，所以很难对此进行分析。

除了需求端难以确定外，供给端也很难去预测，黄金的供给也存在较大的不确定性，这同样取决于市场的心理预期。众所周知，随着价格的上升，生产商会增加对商品的供给，而黄金却不是这样的。所以黄金的供给曲线不可能由于商业供给的变化而变化，很多时候是由于市场抛售行为导致的。显然，黄金的供求曲线是高度不稳定的，甚至是无形的，所以人们常说"黄金市场是基本面分析师的噩梦"。因此,交易者在使用本书介绍的交易方法时,要注意交易品种的适用性。

希望广大读者朋友在读完本书后,不仅能够掌握正确的交易理念、科学的交易方法,而且能拥有良好的交易心态。当然,期货交易并不容易,要有逻辑和信念,选择一个品种和一个方向,然后确定胜率,同时还要坚守自己的价值观,坚持自己深刻理解的人心和人性,剩下的就交给概率吧。一名优秀的期货交易者还需要培养以下 6 种能力。

- 抓住核心矛盾的能力
- 择时能力
- 确定性来临时敢于果断下手的能力
- 大量浮盈后拿住单子的能力
- 行情尾端止盈的能力
- 错了之后坚决止损"保命"的能力

轻松注册成为博文视点社区用户(www.broadview.com.cn),扫码直达本书页面。

- **提交勘误**:您对书中内容的修改意见可在 提交勘误 处提交,若被采纳,将获赠博文视点社区积分(在您购买电子书时,积分可用来抵扣相应金额)。
- **交流互动**:在页面下方 读者评论 处留下您的疑问或观点,与我们和其他读者一同学习交流。

页面入口:http://www.broadview.com.cn/36207

目 录

第 1 部分 是什么的问题——交易理念

第 1 章 交易本质上是一场概率游戏 2
    赌场里的老虎机 2
    期货交易的本质 4

第 2 章 趋势跟随,过滤震荡 7
    两种交易思想 7
    趋势追踪还是反趋势交易 8
    交易大师的忠告 10

第 3 章 稳定的盈利才是暴利 12
    期货交易盈利的两种模式 12
    复利是最好的盈利方式 15
    把交易当作你的事业来经营 16

第 4 章 基于概率思维与逻辑思维的交易系统 18
    基差是期货交易的机会所在 18
    库存:交易者必须关注的一个因素 20

利润是一个产业的底牌 24
时间因素在交易过程中的重要作用 26
分型是一个非常不错的信号指标 28
不要把鸡蛋放在一个篮子里 29
没有离场计划的交易就是一场灾难 30

第 2 部分　怎么做的问题——基本面分析

第 5 章　商品的基本面包含哪些内容 36
供求是分析商品期货的根本 36
弹性在交易过程中的作用 38
什么是替代品与互补品 40
关于仓单，交易者需要知道的事 42
库存的分类与使用技巧 44
了解产业链才能抓住交易中的细节 46

第 6 章　为什么要进行基本面分析 50
关于基本面分析的争论 50
单纯的技术分析遇到的问题 52
基本面分析提供了另一个维度的信息 53

第 7 章　基本面分析的常见误区 55
关于基本面分析的几个故事 55
基本面分析中常见的几个错误 58

第 8 章　如何利用基本面预测商品的价格趋势 61
如何建立商品的供需平衡表 61
平衡表分析法的核心是什么 63
如何进行产业链分析 64

利用基本面来判断商品的趋势 67

从库存出发来分析长期趋势 70

向期货大佬学习交易方法 72

第 3 部分　何时做的问题——技术分析

第 9 章　利用均线确定市场的多空方向 80

三种常见的移动平均线 80

如何确定均线的参数 82

均线与周期如何配合使用 84

关于均线的误用，你知道吗 85

第 10 章　做一名右侧交易者 87

两种交易风格：左侧交易与右侧交易 87

交易风格与性格有关 89

做一名右侧交易者的三大理由 90

第 11 章　分型与背离技术的运用 92

神奇的分型理论 92

未卜先知的背离技术 95

分型与背离技巧的注意事项 99

第 12 章　如何利用技术分析寻找买卖时机 100

分型与背离的进一步解读 100

基于分型开仓的两种信号 101

分型与背离共振的开仓信号 103

第 4 部分　做多少的问题——资金管理

第 13 章　资金管理的三个重要原则 106

一个魔术师的交易故事 106

建立程序化资金管理原则 108

不要让你的盈利单变成亏损单 109

没有出金的交易是失败的交易 112

第 14 章　加仓与止损都是双刃剑 114

三种加仓策略及逻辑依据 115

减仓与平仓需要注意哪些问题 117

第 15 章　两种常见的资金管理策略 122

安德烈亚斯·博什的资金管理策略 122

单元交易资金管理策略 124

第 16 章　如何制订属于自己的资金管理策略 128

制订交易策略 129

资金分配与仓位控制 130

制订止损、止盈策略 130

制订调仓策略 131

第 5 部分　一致性的问题——自我管理

第 17 章　交易能否实现盈利的重要因素 134

如何找到一套自己的交易系统 134

有交易系统就能在交易中实现盈利吗 137

第 18 章　贪婪和恐惧是一致性原则的杀手 139

一个猜硬币的小游戏 139

变换一下我们的游戏规则 141

第 19 章　如何提高交易过程中的一致性 143

计划你的交易，交易你的计划 144

高杠杆会让你失去理智 144

看盘就是浪费生命 145

第20章　交易计划的制订与交易日志的撰写 148
　　如何制订交易计划 148
　　一个交易计划的简单示例 151
　　如何撰写交易日志 156

第6部分　期货交易实战案例

第21章　螺纹期货的实战案例 160
　　螺纹钢的库存情况 160
　　螺纹钢期货与现货的基差情况 161
　　技术信号的介绍 162
　　宏观与产业利润情况 163
　　如何选择期货合约 163

第22章　宏观对冲的预测验证 165
　　多农产品空工业品对冲 165
　　农产品中的豆粕和PTA 166
　　看多PTA的简单逻辑 166

第23章　棉花看涨的预测逻辑 168
　　从库存角度看郑棉 169
　　从基差角度看郑棉 170
　　从价格角度看郑棉 172
　　从时间角度看郑棉 172
　　从技术信号角度看郑棉 173

第24章　橡胶看空的预测逻辑 174
　　沪胶的库存与基差情况 174

研究交割制度的重要性 176

　　从博弈的角度思考问题 177

附录 A　常见的数据查询网站 180

致谢 182

第1部分

是什么的问题——交易理念

交易中最可怕的事情不一定是亏损,而很有可能是获得盈利。错误的盈利和正确的亏损才是最可怕的事情,因为前者可能使你固守错误的交易方法,而后者可能让你放弃正确的交易理念。这两种错误都会给你带来残酷的交易结果。因此,树立正确的交易理念对交易者的长期成长和进步是十分必要的。

本书第一部分主要介绍交易理念的相关内容,让交易者了解交易本质是什么、如何定位自己的交易风格、如何正确地从期货交易中赚钱,同时为广大交易者介绍本书的一套核心交易系统。这部分内容主要包括:

- 第1章 交易本质上是一场概率游戏
- 第2章 趋势跟随,过滤震荡
- 第3章 稳定的盈利才是暴利
- 第4章 基于概率思维与逻辑思维的交易系统

第 1 章

交易本质上是一场概率游戏

期货交易本质上是一场概率游戏，简单来说，就是在积极参与大概率事件的同时，努力防范小概率事件，通过基本面分析来发现大概率事件，利用技术分析来寻找参与大概率事件的时机，结合资金管理来防范小概率事件的发生。

赌场里的老虎机

假设你在某个赌场里玩老虎机[①]，每局的成本是 100 元，一共可以玩 10 局。如果你在第一台老虎机上获胜的概率是 40%，在第二台老虎机上获胜的概率是 60%，那么你会选择哪一台呢？许多人可能会不假思索地选择第二台，这也是一些期货交易者容易忽略的一个问题：那就是每赢一局可以得到多少钱？

如果这两台老虎机的收益状况不同，如图 1-1 所示，你在第一台老虎

---

① 老虎机是一种赌场里常见的赌博机器，因为上面有老虎图案的筹码而得名。老虎机有三个玻璃框，里面有不同的图案，投币之后拉下拉杆，机器就会开始运转，如果出现特定的图形就会掉出钱来，出现相同图形越多奖金就越高。

机上赢一次可以获利300元,在第二台老虎机上赢一次可以获利150元,那么情况就发生变化了。10局之后,你可能会在第二台老虎机上输掉100元,而在第一台老虎机上赢了200元。通过这个老虎机的游戏,我们从中可以得出这样一个结论:**胜率高未必赚钱,胜率低未必亏损。**

图1-1 两台胜率与赔率不同的老虎机

与老虎机的玩法相似,期货交易也是概率的游戏。交易者每天都要上网查找与市场相关的各种信息并进行解读,同时不断学习各种技术分析方法或者基本面分析方法。他们投入如此多的精力,最终的目的都是为了对市场走势做出准确的预测,从而通过提高交易的成功率来获利。然而,市场往往是无法准确预测的,这也是金融市场的风险所在。

那些试图通过提高预测成功率来实现盈利的交易者,就像是认为在第二台老虎机上能够赚钱的赌徒一样。其实,从长期来看,如果一个预测系统的准确率能够明显高于随机买卖的成功率,那么就可以认为这是一个有效的预测系统。假设你的预测成功率已经达到了60%甚至更高,接下来你就会面临与玩老虎机时一样的问题:你能在交易中获利多少?

当你在玩老虎机时,这些老虎机的生产厂家基本上已经设置好了胜率和赔率。例如,每吞进去600元,才会吐出150元。所以在这场游戏中你已经失去了优势,也就是说,在概率公平而且得以实现的情况下,你需要连续投入6次100元,老虎机才会吐出150元,对你来说将会损失450元。

所以说老虎机玩得越久,输得钱就会越多,因为老虎机内置了一套期望值为正的交易系统,而你拥有的是期望值为负的交易系统,对那些**企图通过玩老虎机来实现财务自由的赌徒来说,他们其实是在给赌场交"智商税"**。

期货交易的本质

与老虎机不同,期货交易虽然同样是概率的游戏,但其公平性在于胜率是不确定的,是由交易者自己判断的;而赔率是由交易者自行设定的。如图 1-2 所示,期货交易的本质就是概率游戏,简单来说,就是在积极参与大概率的同时,努力防范小概率事件发生,通过对基本面分析来发现大概率事件,利用技术分析来寻找参与大概率事件的时机,结合资金管理来防范小概率事件发生。

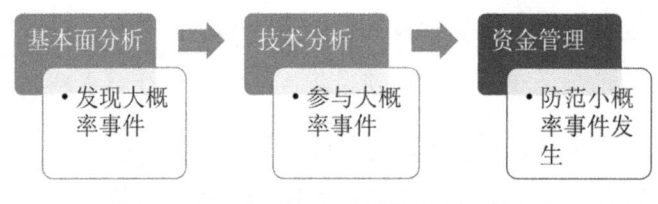

图 1-2 期货交易的本质

想要在这场概率的游戏中取得最终的胜利,交易者必须要兼顾胜率与赔率。

第一,**胜率优势**。为了在期货交易中获得胜率优势,有的交易者采取了基本面分析法,通过市场之外的信息数据来预测未来市场的走势;有的交易者采取了技术分析法,利用市场提供的相关交易数据来预测市场未来的走向;还有的交易者将基本面分析与技术分析相结合来预测市场未来的方向。然而,无论采取何种方法,市场都是不可能被准确预测的,都有可能发生黑天鹅事件[①]。

虽然交易者无法做到准确预测市场的涨跌，但是利用科学的分析方法，是可以提高交易过程中判断的准确率的，只要这个准确率超过50%，从长期来看，你就拥有了一套不错的预测方法。关于如何在交易中获得胜率优势，在本书的第二部分"怎么做的问题——基本面分析"及第三部分"何时做的问题——技术分析"会有详细介绍。

第二，**赔率优势**。期货交易中提高赔率最有效的方法是，当交易者判断对趋势时，不要过早了结自己的头寸，而是要通过让利润奔跑来增加自己的盈利。相反，当交易者对趋势判断错误时，需将每次亏损的金额限制在最小范围内，也就是防范小概率事件发生。其实，获得赔率优势的核心在于资金管理，而资金管理又分为两个重要部分：头寸管理和风险控制。

所谓头寸管理，就是在做对方向的时候确保投入足够资金，并取得相应回报。所谓风险控制，就是在做错方向的时候确保及时退出，避免亏损无限制扩大。关于如何在交易过程中取得赔率上的优势，在本书的第四部分"做多少的问题——资金管理"将会进行详细讨论。

交易系统的重要性

如果说期货交易是一场战争，那么胜率和赔率就像两场关键战役，输掉了胜率这场战役的交易者通常是频繁止损出局，而输掉了赔率这场战役的交易者则很容易一次性爆仓出局。所以，想要在这场残酷的概率战争中获得胜利，出战前必须具备概率优势和赔率优势。

[①] 塔勒布在《黑天鹅》一书中对黑天鹅事件定义为：第一，它具有意外性；第二，它产生重大影响；第三，虽然它具有意外性，但人的本性促使我们在事后为它的发生编造理由，并且或多或少认为它是可解释和可预测的。

然而，战争是残酷的，并不是兵精粮足的军队就能够打胜仗，还需要战士们英勇杀敌。交易也是如此，即使交易者具备了胜率优势和赔率优势，也不代表交易者就能够在市场中赚钱，因为贪婪和恐惧会严重影响到交易者的一致性问题，从而使交易者的胜率优势和赔率优势无法在交易结果中充分体现出来。

在交易这场概率游戏中，交易者通常会面临两个重大难题：第一，如何在高度随机的价格波动中寻找非随机的部分？第二，如何有效地克服自己的心理弱点、排除他人的干扰，使自己的交易决策更加理性？事实证明，交易系统恰好能够帮助交易者解决这两大难题，使交易决策的过程更加公式化、程序化和理性化。因此，交易者需要建立一套期望值为正的交易系统，关于这一点，在本书的第五部分"一致性问题——自我管理"，将展开详细介绍。

当交易者拥有了一套属于自己的交易系统后，就会从一个情绪支配型交易者转变为程序支配型交易者，然后在实战中不断去检验和完善自己的交易系统。如图1-3所示，在本书的第六部分"期货交易实战案例"，将介绍笔者的一些经典实战案例及分析总结。

第一部分	第二部分	第三部分	第四部分	第五部分	第六部分
• 交易理念 • 第1章—4章	• 基本面分析 • 第5章—8章	• 技术分析 • 第9章—12章	• 资金管理 • 第13章—16章	• 自我管理 • 第17章—20章	• 实战案例 • 第21章—24章

图1-3　本书的结构安排

第 2 章

趋势跟随，过滤震荡

如果市场经过一段没有任何趋势的时期，那么趋势就会再次出现，那是未来趋势的先兆。作为一名趋势交易者，你需要识别并追随趋势，因为趋势是你的朋友，你也需要过滤震荡，因为震荡是你的敌人。

两种交易思想

虽然不同交易者所采取的交易方法各不相同，但其交易思想基本上可以归为两大类：趋势追踪交易思想和反趋势交易思想。如图 2-1 所示，**趋势追踪交易思想，是指等待一个确定的价格运动，然后基于趋势将会继续的假设，从而在相同方向上开仓**。与之相反，**反趋势交易思想是指等待一个重要的价格运动，然后基于市场将会修正的假设，从而在相反方向上开仓**。

市场行情总是在趋势和震荡之间来回切换。然而遗憾的是，目前并不存在某个交易系统能够同时在趋势和震荡中都获利，所以交易者不得不在趋势交易和反趋势交易中进行选择。

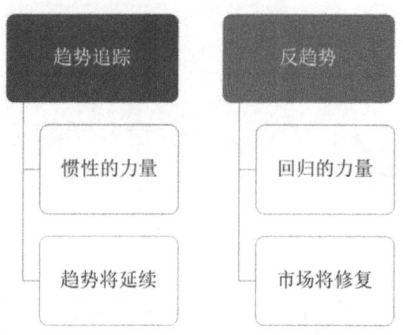

图 2-1 两种常见的交易思想

趋势追踪交易系统的核心是惯性的力量,当市场沿着某个方向发展时,通常会不断延续,所以趋势追踪交易者一旦判断对了市场的运动方向,往往可以获得丰厚的利润。然而,市场大约有 80%的时间都处于震荡状态,所以绝大多数趋势追踪交易者在遇到震荡行情时,几乎都处于亏损状态。因此,**一名趋势交易者需要做的就是识别趋势、跟随趋势、过滤震荡**。

反趋势交易系统的核心是回归的力量,当市场沿着某个方向发展到一定程度时,通常会进行修复,所以反趋势交易者通常会关注价格运行的动能,当动能衰竭时,选择反向交易,然而,反趋势交易者遇到趋势行情来临时,如果缺乏良好的资金管理,就会面临严重的亏损甚至爆仓。因此,**一名反趋势交易者需要做的就是识别趋势、反趋势交易、严格止损**。

趋势追踪还是反趋势交易

由于趋势追踪和反趋势交易的思想截然相反,因此两种思想映射到交易过程中,所采用的操作方法恰好相反。基于趋势将延续的假设,趋势追踪认为在价格突破时要敢于跟进,因此往往采取追涨杀跌的操作方式。与之相反,基于市场将修复的假设,反趋势交易认为在价格突破时要敢于采取反向操作,因此往往是高抛低吸。两种交易风格如图 2-2 所示。

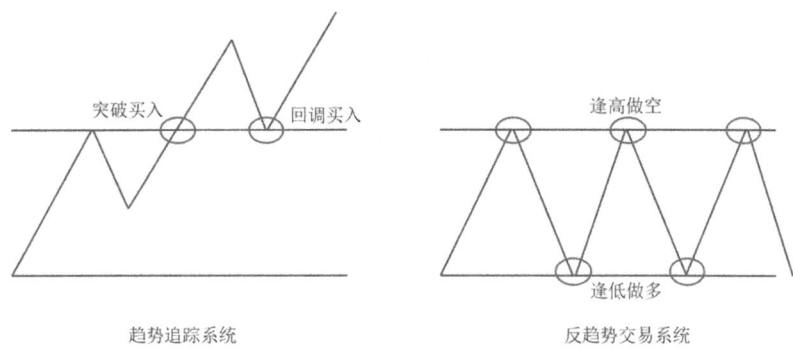

图 2-2　两种交易系统的操作风格

面对这两种截然不同的交易系统，交易者应该选择哪一种呢？根据国内外众多交易大师的实践经验以及市场交易者的实际情况，趋势追踪交易系统得到了更多交易者的推崇，这是因为，一方面，趋势追踪交易者通常交易的频率低于反趋势交易者，从而可以节省大量的交易佣金；另一方面，趋势追踪交易往往可以给交易者带来更加丰厚的利润。

除此之外，趋势追踪系统能够帮助交易者实现截断亏损，让利润奔跑的目标。当交易者判断对趋势时，他们可以长期持有自己的头寸，一直到趋势结束，而反趋势交易系统虽然同样可以做到截断亏损，但却无法达到让利润奔跑的目的，从而难以帮助交易者实现利润最大化的目标。因此，市场上低频交易者往往采取的是趋势追踪系统，高频交易者往往采取的是反趋势交易策略。

为什么做长线交易的方法是几十年以来最好的呢？这是因为一般人遇到行情不好时，总要采取行动，这种行为通常被称为回避波动性，其基本假设是波动性是不好的。然而，华尔街著名趋势交易大师约翰·W.亨利[①]却发现，避免波动性反而约束了做长线的能力，想要以止损的方式减少持股价

---

① 约翰·W.亨利是华尔街著名的趋势追踪交易者，其在期货投机上取得了巨大成功，2010 年收购了英超利物浦俱乐部，成为该俱乐部的老板。

格下跌所造成的损失，十多年来，这种方式的代价高昂。**长线系统不回避波动性，而是静观其变，这样会降低交易者在市场震荡中被迫出场的概率！**

交易大师的忠告

交易者需要有信仰，趋势追踪交易者的信仰就是：**如果市场经过一段没有任何趋势的时期，那么趋势就会再次出现，那是未来趋势的先兆**。正如约翰·W.亨利所说："我们觉得，如果市场再经过一段无趋势的时期，这其实意味着，未来会出现壮观的趋势！我知道，我无法预测任何事，这就是我决定采用趋势跟踪策略，也是获得成功的原因。我只进行趋势跟踪，不管在开始的时候趋势看起来多么荒谬，不管趋势怎么发展，也不管在结束时，趋势看起来多么没有道理，我都追随它。"

如果你本来就是一名趋势追踪交易者，那么恭喜你，因为**在充满不确定性的市场环境中，如果我们的决策是以单一的、简单而可靠的事实为基础的话，就会特别有效**。然而，正如杰克·施瓦格[①]所说的那样，现实中存在两种类型的趋势追踪交易系统：快的和慢的。快的趋势追踪交易系统比较灵敏，会对趋势反转的迹象做出快速反应，在有效信号上倾向于利润最大化，但是也会产生更多的假信号，而慢的趋势追踪交易系统则正好相反。

很多交易者都试图捕捉市场中的每一个波动，并对此十分着迷，这样的偏好使得大多数交易者都偏向于越来越快的趋势追踪交易系统。不可否认的是，在一些市场里快速趋势追踪交易系统比慢速趋势追踪交易系统表现优异。但是，在绝大多数市场中情况截然相反，因为慢速趋势追踪交易系统里亏钱交易和手续费成本最小化的实现速度往往超过了交易中利润的

[①] 杰克·施瓦格是 FundSeeder 公司的联合创始人，著有《施瓦格谈期贸：基本面分析》《施瓦格谈期贸：技术分析》《管理交易》等一系列交易著作。

下降速度，反而能够达到利润最大化。

当然，这只是笔者对那些追求更加灵敏交易追踪系统的交易者的一种自然倾向的提示，这并不意味着所有趋势追踪交易者都需要选择慢速交易系统，快速和慢速交易系统之间的选择必须与交易者自身特点相契合。有的交易者由于性格原因，比较适合快速趋势追踪交易系统，而大多数交易者更加适合慢速趋势追踪交易系统。

当你真正体会到杰西·利弗莫尔[①]所说的话的意思（我要告诉你，我之所以赚了大钱，从来跟我的思想无关，有关的是我稳如泰山的功夫，明白吗？我稳坐不动。看对走势没什么了不起的。在多头市场你总能找到很多很早就看涨的人，在熊市很早就看跌的人。我认识许多看盘高手，他们也是在最佳位置买卖股票，而且他们的经验总是跟我不谋而合。但是，他们却没真正赚到钱。看对市场而且紧握头寸不动的人难得一见，我发现这也是最难学的事。）时，你就会明白趋势追踪交易系统的威力有多大。

显然，著名的投机大师更加推崇趋势追踪交易系统，如图 2-3 所示，三位趋势追踪交易大师分别从自己的角度，结合自身的交易经验，给了交易者诚恳的忠告，希望能够对交易者有所启发。

约翰·W. 亨利	杰克·施瓦格	杰西·利弗莫尔
• 趋势交易可以降低被震荡出场的概率	• 慢速趋势交易系统更能够实现利润最大化	• 趋势能够让你坐着赚钱

图 2-3 三位交易大师的忠告

[①] 杰西·利弗莫尔是华尔街著名的投机大师，《股票作手回忆录》一书记载了其一生经典的投资历程。

第 3 章

稳定的盈利才是暴利

财不入急门,期货最怕的就是快!很多时候,快就是慢!快意味着风险。当你的账户盈利曲线越陡峭时,你越应该高度警惕,因为快速的大都是短暂的,缓慢的才是稳定的。稳定的盈利才是暴利!

期货交易盈利的两种模式

任何一名期货交易者参与到这个市场中的目的只有一个,那就是赚钱,或者更加具体地说,就是为了赚大钱。那么,如何才能在期货市场中赚大钱呢?不外乎两种方法。

- 第一,抓住某次机会重仓大赚一把
- 第二,不断地积累小的盈利成就大的收益

两种赚大钱的方法如图 3-1 所示,第一种方法收益曲线非常陡峭,一旦碰到了合适的行情,往往收益会呈指数级增长,然而高收益通常伴随着高风险,如果行情判断错误,往往会给交易者带来毁灭性的打击。第二种方法收益曲线十分平稳,看似收益增长速度并不是很快,但是在复利的作

用下，随着交易时间的增加，整体收益会稳步上升。

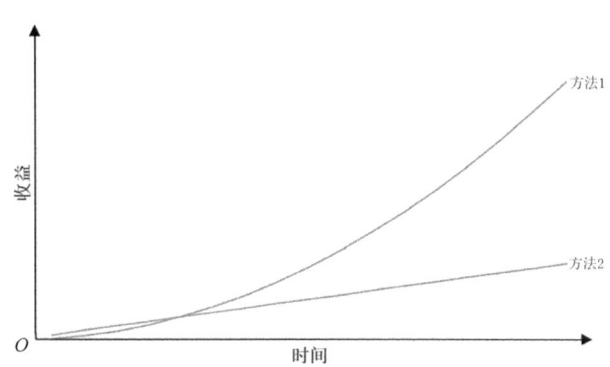

图 3-1　两种不同风格的收益曲线

期货市场中很多暴富的交易者往往都是看准了时机，然后采取了重仓去赌博的方式，赌对了，从而成就了一夜暴富的神话。然后，在期货公司及相关媒体的包装和宣传下，这种交易风格一时就成为了市场的主流，不明真相的交易者往往盲目模仿，结果损失惨重。第一种交易方式的成功不具备可复制性！

实际上，期货市场上因为重仓交易而爆仓甚至穿仓的交易者不计其数，而期货公司或者媒体却很少去报道，即使报道出来这些消息，往往也很难引起交易者的重视，因为绝大多数交易者都存在幸存者偏误[①]，由于日常生活中更容易看到成功、看不到失败，你会不由自主地高估成功的概率。对于这种类型的交易者，市场从不拒绝收取他们的学费。

期货市场上从来就不缺乏一夜暴富的财富神话，为什么市场上的明星多而寿星少呢？这是因为期货明星大多是通过某一两次重仓，赌对方向而实现财富快速积累的，他们往往只看到收获巨大财富的结果，却忽视了这

---

① 所谓幸存者偏误是指，由于日常生活中更容易看到成功、看不到失败，人们会系统性地高估成功的概率。不了解现实的人对成功抱有一种幻想，认识不到成功的概率有多微弱。

种交易方法背后所隐藏的巨大风险。难怪约翰·梅纳德·凯恩斯[①]会感慨："人们本能地渴望立竿见影的效果，在快速赚钱上尤其热情。"

所以值得交易者佩服的不是那些一夜暴富的期货明星，也不是那些多年驰骋沙场的期货大佬，而是那些在期货市场赚了大钱转身就走的急流勇退之人。他们充分认识到自己虽然赚了大钱，但是存在一定的运气成分，然而运气并不一定总是会眷顾自己，既然已经赚了大钱，就不再去赌那些不靠谱的运气了。

期货市场中往往存在这样一种现象，那就是错误的理念往往比正确的观念传播得更广泛。究其原因，主要是因为绝大多数交易者往往都是以结果来论英雄，只要一个交易者在期货市场中赚了大钱，那么他所说的理念往往被推崇为经典。

交易本身是一件概率的事情，当一个决策涉及概率时，好决策可能会导致坏结果，而坏决策也可能导致好结果。例如，在玩21点的时候，你手中的牌加起来是18点，你要求给自己再发一张牌，于是发牌人扔过来一张3，结果你手中凑齐了21点。这是一个糟糕的决策，却产生了良好的结果。但是以同样的方式玩上一百次，你通常都会输。这是因为21点是一种概率游戏，这就意味着，通过遵循某个规则，你会做到最好，而这一规则反映的是拿到好牌的真实概率：当你手里已经有一张17点或点数更大的牌时，就不要发牌了。

所以说，在一个概率性的环境中，要想取得更好的成绩，你就要关注自己做决策的过程，而不是结果。**交易者应该依据自己做决策的过程而不是结果来评估决策的质量！**然而，遗憾的是，绝大多数交易者都会把期货

[①] 约翰·梅纳德·凯恩斯是英国伟大的经济学家，著有《就业、利息和货币通论》一书，是现代经济学最有影响力的经济学家之一。

明星的话或者成功经验奉为圭臬，这是极其不明智也不理智的一种行为。

如果你想成为一名出色的职业作手，你就要养成一个好习惯：**只相信自己的眼睛，不要相信自己的耳朵！只相信自己的大脑，不要相信别人的建议！**你一定要去思考其他交易者成功的原因，思考他的交易方法有没有问题，是否适合你，而不是盲目地模仿学习。所以，交易者应当放弃一夜暴富的幻想，因为你只听说过重仓暴富的成功案例，却不知道重仓暴富的成功比例其实是极低的。

复利是最好的盈利方式

在思考赚大钱的模式上，交易者应该学习查理·芒格的思维特点，用模型来思考相关问题。

在赚大钱这个问题上，最好的思维模型就是复利思维方式，即稳定的盈利就是暴利。你会发现，无论是大资金还是机构，他们往往都是采取这种稳健的交易方式，他们并不奢望每年都能够暴富，而只求稳定的年化20%～30%的收益率就非常满足了。较低的盈利预期，导致他们的仓位控制比较合理，心态十分平和，交易起来也就更加顺利。

期货交易有时候就是这样：越是亏钱的交易者就越想着翻本，而越想翻本就容易越陷越深；相反，越是赚钱的交易者就越追求稳健，而越追求稳健就越容易赚钱。所以交易者的思维模式会对交易结果产生影响，而交易结果又会对交易者的思维产生正反馈或负反馈。

相信绝大多数交易者都听说过复利的威力这个古老的故事，由于西塔发明了国际象棋，国王非常高兴要重赏他，西塔要求国王在棋盘的第1个格子里放1粒麦粒，第2个格子放2粒，第3个格子放4粒，以此类推，每一个格子放的是前一个格子的两倍，直到放满第64个格子，结果国王发现国库里所有的粮食放进去都不够。复利就是这样，看起来起点很低，但经过长时间的发展，就会形成庞大的数字。

复利的计算公式比较简单，其公式如下：

$$复利公式 = 本金 \times (1+r)^n$$

其中 r 为利率，n 为期限。

复利在不同领域当中都发挥着重要的作用，在投资理财领域同样有着举足轻重的作用。如图 3-2 所示，尽管最初的年化收益率看似比较低，但是随着时间的累积，本金不断增加，总的收益会进一步增加，复利思维模型最大的特点就在于其收益的稳定性，而不是追求收益的爆发性增长。

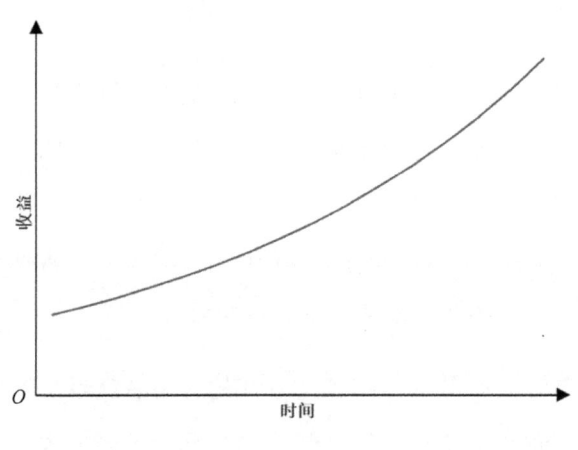

图 3-2　复利收益曲线

把交易当作你的事业来经营

为什么大资金或者机构的思维方式往往与散户不同？因为机构或者大户是把期货交易作为长期事业来经营的，而散户往往把期货交易当作一次又一次的赌博。一份事业通常需要长时间的累积，从最初的求生存到最后的求发展，稳扎稳打，不会急于求战。这是所有交易者都应该具备的心态，尤其是打算以交易为生的交易者，对你来说，交易也是你的事业，是一辈子要做的事情，不要把交易当成赌博。

投机与赌博的最大区别在于是否拥有大局观。如果你站在局外高处看市场，那你就是个投机家，如果你只是陷在市场里随波逐流，追涨杀跌，那么你就只是个赌徒。你知道，赌徒是不需要计算概率的，只需要运气而已。与之不同的是，期货交易者赚钱靠的是概率，而不是运气。

所以，对于那些打算长期进行期货交易的交易者来说，首先应抛弃一夜暴富那种不切实际的幻想与交易理念，树立起稳定的盈利就是暴利的交易理念。相信复利的威力，相信时间的力量，相信你能够建立起自己的交易系统，让这套交易系统通过时间来帮助你累积财富，而不是通过某次下重注来赌运气，否则即使你某一次获得了很大的收益，未来还是会还给市场的，交易者要做市场中的寿星，而不是一夜暴富的明星。

如图 3-3 所示，把期货交易当作事业的交易者应当做好自己的职业规划。第一个阶段努力做到不亏钱，能够让自己在市场中得以立足。第二个阶段努力做到稳定赚小钱，从而使自己的事业能够得以发展。第三个阶段争取能够赚大钱，最终实现自己事业发展壮大的目标。绝大多数亏钱的交易者，往往只看到了第三个阶段，却没有在前两个阶段打好基础。

图 3-3　交易者发展的三个阶段

第 4 章

基于概率思维与逻辑思维的交易系统

基差的不合理为交易者提供了交易的机会,通过库存和利润两个维度可以判断出未来基差修复的大概率方向,然后在邻近交割的 2 个月内,利用分形给出的技术信号进行择时入场,最后根据三个重要的信号离场兑现利润。这套参与基差修复行情的交易系统可以简化为两个公式:

高库存+期货高升水+高利润+顶分型=择机做空,

低库存+期货深贴水+低利润+底分型=择机做多。

基差是期货交易的机会所在

期货交易者必须时刻关注两个市场,一个是直接参与交易的期货市场,另一个是需要参考的现货市场。商品在现货市场中交易的价格叫作现货价格,这个价格主要由供需关系决定。商品在期货市场中交易的价格叫作期货价格,这个价格由供求关系、市场消息、交易者情绪以及市场预期等多方面因素决定。所谓**基差就是现货价格与期货价格之间的差额**,当期货价格大于现货价格时，被称为期货升水；当期货价格小于现货价格时，被称为期货贴水。

由于现货价格和期货价格当下的决定因素不同，导致了二者之间会存在价差，同时期货价格是现货未来的价格，当期货合约到期时，由于交割制度的约束，商品就要进行交割，期货就会变成现货。如图 4-1 所示，随着交割日的邻近，基差会不断缩小，在交割日时，期货价格几乎等于现货价格，否则就会出现套利的空间。

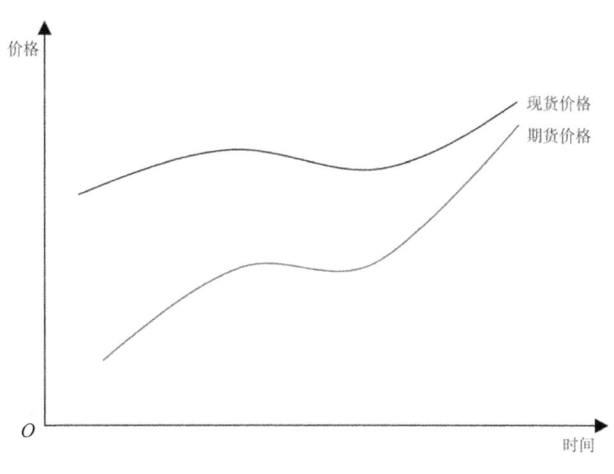

图 4-1 基差修复图

正是基于上述因素的考虑，每当基差拉大时，就存在投机的空间，因为基差在未来必定会得以修复。所谓投机正是需要发现事物的不合理性，赚取的是基差从不合理状态修复到合理状态这个过程的收益。然而，**基差的修复有两个方向，一个是期货向现货修复，另一个是现货向期货修复**。所以，当交易者发现某个商品基差被拉大到不合理的状态时，还需要进一步分析和判断未来基差修复的方向。

库存：交易者必须关注的一个因素

在现货市场上，商品的价格取决于供需的力量。按照传统的经济学规律，在其他条件不变的情况下，供不应求，价格上涨；供过于求，价格下跌。所以交易者可以通过判断现货市场上供需的关系，来判断未来现货价格的走势。然而，你会发现，供给的数据往往相对容易获得，而需求的数据则永远是个谜，但这并不影响我们对供需关系的判断。

我们可以选择化繁为简，因为供需相互作用的结果体现在库存上，通过库存的高低来判断现货市场上供需的相对强弱。**库存高，可以理解为现货市场上供过于求，现货价格易跌难涨；库存低，可以理解为现货市场上供不应求，现货价格易涨难跌。**

当某个商品期货高升水且高库存时，我们通过高库存判断现货市场供过于求，未来现货价格易跌难涨，期货高升水说明期货的价格远高于现货价格，由于交割制度的约束，未来基差必定进行修复，这样我们可以判断出未来期货下跌向现货修复的概率比较大。反之，当某个商品期货深贴水且低库存时，我们通过低库存判断现货市场供不应求，未来现货价格易涨难跌，期货深贴水说明期货价格远低于现货价格，而基差最终需要修复，那么未来期货上涨向现货修复的概率就比较大，如图4-2所示。

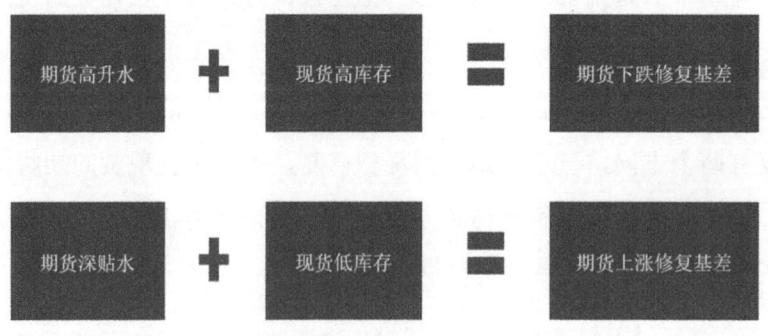

图4-2 通过库存判断基差修复方向

高库存，现货价格一定是易跌难涨吗？从静态的供求关系来看，或许是这样的，但是从动态的库存周期来看，结果却不一定如此。对于工业品而言，生产者会根据市场的需求状况来调整自己的库存周期，这个周期就是基钦周期。它主要分为四个阶段：被动去库存过程中的价格上涨阶段、主动建库存过程中的价格上涨阶段、被动建库存过程中的价格下跌阶段和主动去库存过程中的价格下跌阶段。如图 4-3 所示。

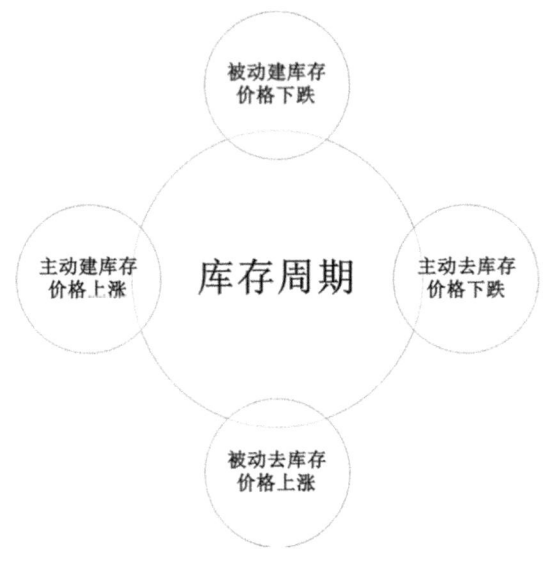

图 4-3　工业品的库存周期

被动去库存过程中的价格上涨阶段：当整个产业陷入低迷状态时，供需两端都很薄弱，突然需求开始启动，采购开始增加，这个时候需求从终端用户需要向零售商到经销商再到厂商进行传导，存在一定的时滞，此时需求的增加，带来了现货价格的上涨，而厂商没有能够及时扩大生产，经销商也没有主动补库存，这个时候库存是在不断消耗下降的，从图 4-4 中不难看出，在这一过程中供给是在减少的，价格是在上涨的。

主动建库存过程中的价格上涨阶段：当经销商和厂商发现下游需求增加的时候，会逐渐扩大生产，同时提高产品价格，经销商也会积极建库存，下游需求端预期未来产品价格会继续上涨，所以会加速采购，需求增加，供需两端发力，产品价格继续上涨，库存同时累积，这就是库存重建过程中的上涨，如图4-5所示。

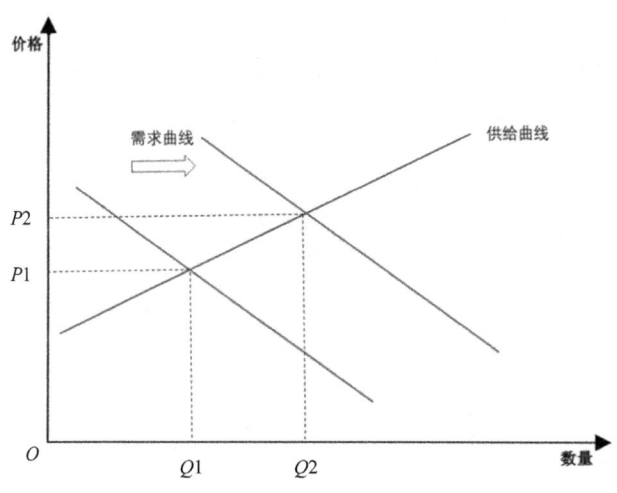

图 4-4　被动去库存过程中的价格上涨

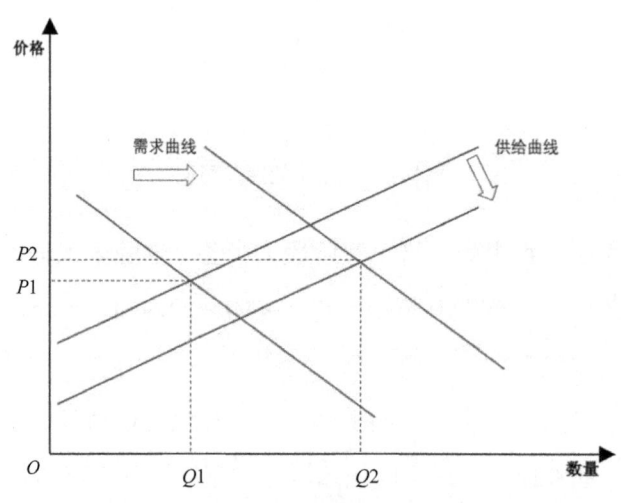

图 4-5　主动建库存过程中的价格上涨

被动建库存过程中的价格下跌阶段：当商品价格过高、市场上库存也较多时，需求端由于前期备货充足，开始减少采购，需求下降，价格下跌，而传导时滞的存在，导致厂商还在加大生产，经销商也在备货，这个时候库存还在继续累积，在此过程中，需求下降，供给增加，价格下跌，如图4-6所示。

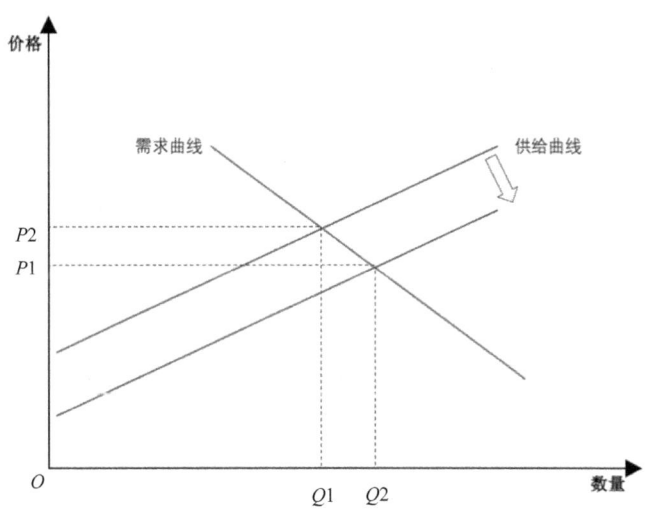

图4-6　被动建库存过程中的价格下跌

主动去库存过程中的价格下跌阶段：当经销商和厂商发现，下游需求不足时，为了及时将手中的货源转化为资金，避免成为接盘侠，会降价出售。此时，需求端预期后续价格会继续下降，所以采购延缓，需要多少采购多少，因为后面再采购成本更低，所以这个时候商品价格不断下降，库存不断下跌，就是去库存过程中的下跌阶段，如图4-7所示。

可见，当我们结合库存周期来动态看待库存与价格的关系时会发现，库存高的时候，并不一定会发生价格下跌，因为库存高可能是发生在主动建库阶段，这时商品的库存在不断增加，商品的价格也在不断上涨；同理，低库存的时候，也不一定会发生价格上涨，因为库存低可能是发生在主动去库存阶段，这时商品的库存不断减少，价格也不断下降。

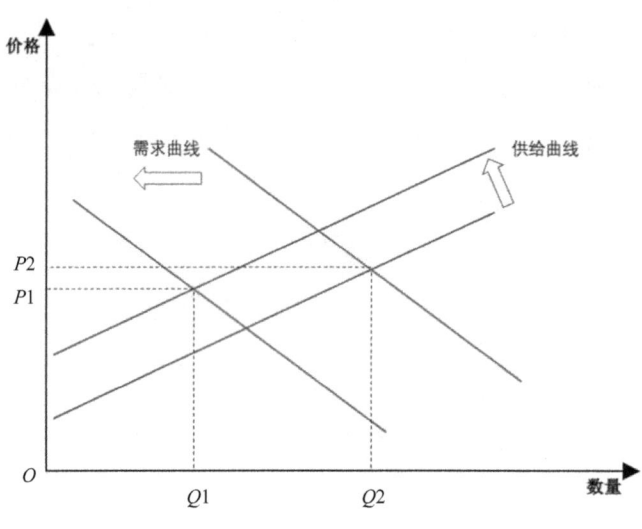

图 4-7 主动去库存过程中的价格下跌

在整个工业品的库存周期中，库存重建过程中的上涨以及去库存过程中的下跌是两个主要的阶段，这两个阶段是由供应者根据需求的变化主动进行生产调节的。为什么会出现库存重建过程中的上涨与去库存过程中的下跌呢？这是因为，当市场价格开始下跌时，资金是矛盾的主要方面，经销商将商品资源转化为资金，而终端用户则延缓资金采购商品资源的进程，所以库存下降的同时，价格随之快速下跌。相反，当市场价格上涨时，商品资源是市场的主要矛盾，经销商急于将资金转化为商品资源，而终端用户则将资金用来采购货源，从而形成库存量上升的同时，价格快速上涨。

利润是一个产业的底牌

既然从静态和动态两个角度来分析库存与价格之间的关系，我们无法单纯根据高库存来判断现货价格一定下跌。这个时候，产业利润可以帮助我们解决这个问题。经济学原理告诉我们供求关系决定价格，同理，价格反过来也会影响供求关系。当价格上涨时，产业利润增加，厂商会扩大生产,供应增加,最后供过于求,价格下跌,厂商会减少生产,供应减少,最后供不应求,价格再次上涨,如图4-8所示。

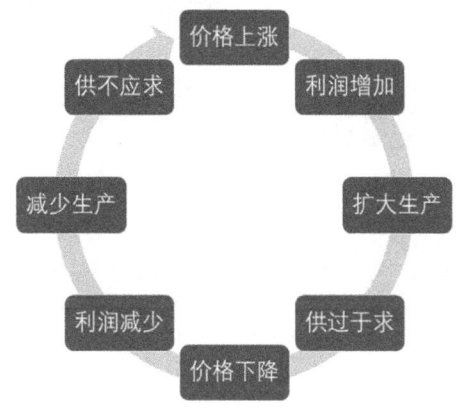

图 4-8　利润对厂商生产的影响

经济学原理告诉我们,任何一个产业高利润和巨额亏损都不可持续,当某个产业利润过高时,厂商会加大生产,供应大幅增加,从而改变产业的供需格局,供过于求,价格开始下跌,直到恢复到正常的利润水平。反之,当某个产业面临长期亏损时,部分厂商会纷纷退出,供应开始减少,从而改变产业的供需格局,供不应求,价格开始上涨,直到恢复到正常水平。

一般,商品的高利润对应较高的价格,低利润对应较低的价格。在工业品的库存周期中,主动建库存几乎都是从低价格开始的,很少有经销商会选择在价格高位进行建库存;反之,主动去库存几乎都是从价格高位开始的,很少有经销商会选择在价格低位进行去库存。基于这样的现实情况,我们可以根据库存和利润两个维度来判断基差的修复方向。

当某个品种期货高升水、库存比较高,且产业利润也在高位时,期货下跌向现货进行修复的概率就比较大;当某个品种期货深贴水、库存比较低,且产业利润低位或亏损时,期货上涨向现货进行修复的概率就比较大。如图 4-9 所示,我们利用库存与产业利润两个维度可以大大提高判断基差修复方向的准确率。

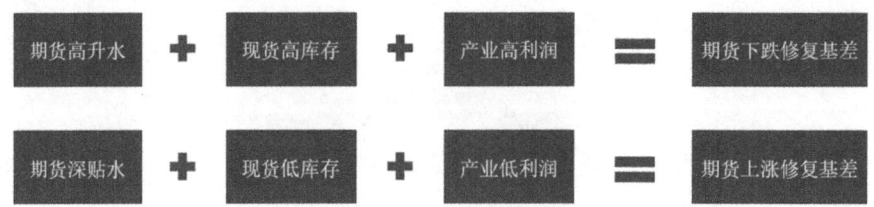

图 4-9 利用库存和产业利润判断基差修复方向

在上述的分析过程中，我们利用了经济学的知识，经过严谨的逻辑推导得出了上面的结论。然而，需要注意的是，交易的本质是概率的游戏，我们的分析结果只是得到一个大概率事件，并不能够完全避免小概率事件。在进行期货交易过程中，交易者时刻需要以盘面为主，保持概率思维。利用库存和利润只是来判断未来现货价格的变化方向，而现货市场上价格的变动才是最终的证实或证伪。

时间因素在交易过程中的重要作用

现货通常只有商品属性，期货与现货不同，它不仅有商品属性，同时具有金融属性。期货的价格看似随机变化，实际上随机变化的价格中有相对稳定的特征，金融属性往往会加剧期货价格的随机波动，而商品属性通常会使期货价格趋于稳定。由于金融属性的存在，交易者的投机行为会加剧期货价格的波动性，有时候会让期货价格显得极不合理，而商品属性则可以回归到供求决定价格的角度，使得期货价格趋于理性。

一个期货合约从诞生开始，就同时具备了金融属性和商品属性。在离交割日较远时，金融属性的作用往往会大于商品属性，因此价格波动相对剧烈，甚至不合理。在离交割日较近时，商品属性的作用会大于金融属性，因此价格通常会趋于稳定，符合供求规律。到合约退市时，期货交割变成现货，只具备商品属性，如图4-10所示。

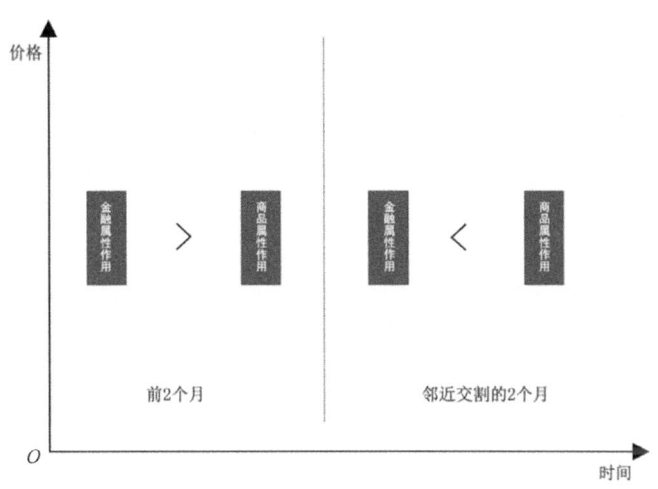

图4-10　金融属性与商品属性的强弱关系转化

由于我国期货市场中的主力合约大多是1月合约、5月合约和9月合约，主力合约之间相差4个月，在前2个月时，期货价格波动往往比较剧烈，而且较为随机，在邻近交割的2个月内，期货价格波动趋于平稳，而且比较符合供求规律。因此，为了避免在波动的市场中被震荡出局，交易者尽量在邻近交割的2个月内参与基差修复行情。

另外，交易者需要注意的是，大商所和郑商所不允许投机客户持仓进入交割月，上期所虽然允许投机客户进入交割月，但是持仓数量必须是最低交割数量的整数倍并且相应的保证金也非常高，如果资金管理不善的话，往往存在爆仓风险。所以，交易者应当提前规划好离场时间，一定要在进入交割月前将仓位平掉，正如比尔·邓恩[①]所说：**"没有离场计划的交易就是一场灾难。"**

---

① 比尔·邓恩是著名的趋势交易大师，他是一名纯粹的趋势追踪交易者，有人形容邓恩资产管理公司的基金曲线图就像是骑在一头疯牛身上的感觉，来赞扬他对趋势交易的把握。

分型是一个非常不错的信号指标

对于入场时机的选择，最好的方法就是采用技术分析。不同的交易者可能会采用不同的技术指标，有的交易者利用均线指标，有的交易者利用MACD作为参考指标，然而，分型是笔者认为不错的技术指标。分型理论属于非线性理论，这与期货市场的非线性结构是一致的。

分型理论认为宇宙中的每个事物遵循最小阻力途径，这与利弗莫尔所说的价格沿着最小阻力的方向运行是一致的。混沌理论[①]中通过相连的5根K线的组合，提出了上分型和下分型的概念，上分型的出现往往预示着价格要开始下跌，下分型的出现通常意味着价格要开始上涨。缠论[②]中通过K线合并，最终将相连的3根K线进行组合，从而提出了顶分型和底分型的概念。

当你研究K线图时，你会发现一轮下跌的走势，突然遇到一个强烈的底分型时，行情由于惯性也会上涨。这就好比河水顺流而下，突然遇到一段河床结构改变的地方，这个时候水流方向会发生变化。下跌过程中，底分型的作用就像是河床结构改变的地方，行情的发展方向会发生改变；上涨过程中，顶分型的作用也像是河床结构改变的地方，行情的发展方向会发生改变。需要注意的是，这种改变是否持久，还需要进一步观察。

如果交易者不考虑时间因素，单纯利用分型作为入场信号，往往容易被市场中的一些虚假信号迷惑，将时间因素考虑进去，可以在一定程度上过滤掉虚假信号，这样一来，我们就可以总结出这样的入场时机：在邻近

[①] 比尔·威廉姆在《证券混沌操作法》中将混沌理论的思想运用到了证券投资领域，受到了众多交易者的肯定，从而使越来越多的交易者采用了混沌理论的思想。

[②] 缠论是根据"缠中说禅"博客中的文章整理而来的，在当时的股票领域受到了交易者的热捧，被称为中国最牛的技术分析理论，至今仍然有很多缠论交易者。

交割月的 2 个月内，出现顶分型是入场做空的信号，出现底分型是进场做多的信号，做多和做空的选择必须满足库存和利润判断出来的交易方向。

所以，结合分型信号与时间因素来选择合适的入场时机准确性相对高一些。这套分析框架与入场时机的选择都遵循了一个重要的原则，那就是沿着价格阻力最小的方向开仓。如图 4-11 所示，这套基于"基差＋库存＋产业利润＋技术信号"的交易体系的雏形基本形成了。

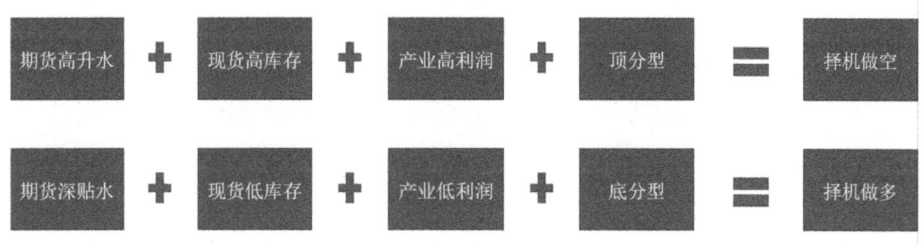

图 4-11　一套完整的交易体系

不要把鸡蛋放在一个篮子里

资金管理依然是老生常谈的话题，主要分为头寸规模管理与风险管理。由于本书介绍的是一套波段交易系统，所以持仓比例无法做到像日内交易那样高。从整体仓位控制来看，单边持仓的比例不要超过 40%，对冲持仓比例不要超过 50%。这个比例相对适中，因为比例太低的话，资金的使用效率便不高；比例太高的话，交易者的心态往往会受影响。

从单品种持仓来看，对单个品种持仓比例不要超过 20%。从仓位分配来看，整个期货分为黑色、有色、化工、农产品四大板块。假设权重相等，均为 25%，那么按照你整体仓控的限制，如果是单向开仓的话，每个板块品种的持仓比例不要超过 10%，如图 4-12 所示。如果相应板块没有合适的品种机会，那么权重自动调整。假设你只做黑色、有色、化工三个板块，那么每个板块权重约是 33%，你单边开仓的话，每个板块的品种持仓比例不超过 13.2%。

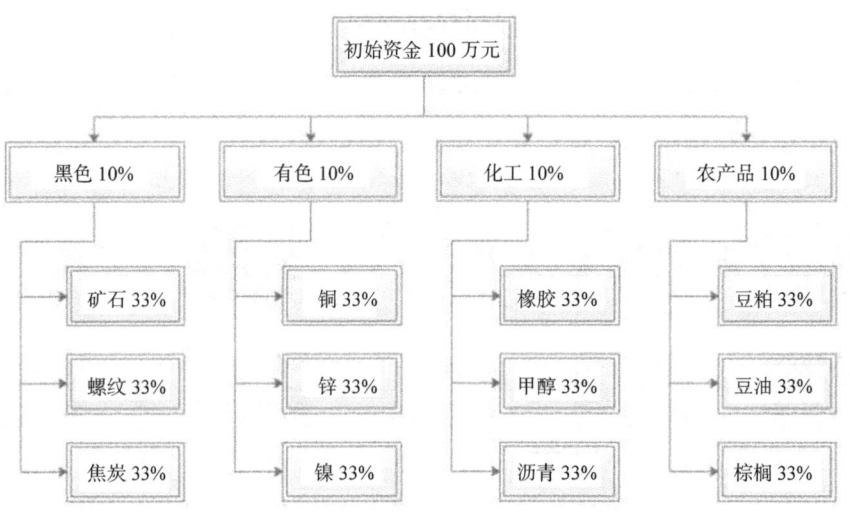

图 4-12 资金管理示意图

重仓单个板块甚至单个品种时，在做对了的时候，的确会让交易者短期之内获利颇丰，但是做错了也会让交易者损失严重，收益曲线波动比较大，也会影响心态。交易者应当相信复利的威力，如果你相信稳定的盈利就是暴利，笔者确信，按照这种思路来进行仓控管理将会有助于你的交易。

没有离场计划的交易就是一场灾难

在期货市场中会开仓的是徒弟，会平仓的是师傅，会空仓的是师爷。交易者在交易过程中往往不是一上来就亏损的，而是先有了浮盈，然后眼睁睁地看着自己的盈利单变成亏损单，最终止损离场。不会止盈的交易者将永远以亏损离场，需要注意的是止盈与让利润奔跑的理念并不冲突，止盈注重的是赚钱交易系统之内的收益，而你的交易系统决定了属于你的利润空间。

本书所介绍的这套交易系统的核心是赚取基差从不合理状态恢复到合理状态这个过程的收益，所以按照这套交易思路，当期货与现货价格接近时，行情基本上接近尾声。为了让交易者能够清楚平仓离场的最佳时机，本书将给出三种典型的出场信号，如图 4-13 所示。

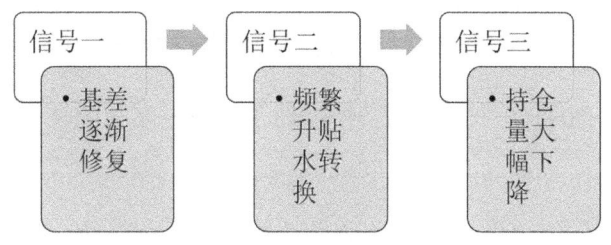

图 4-13　平仓离场的三个信号

信号一、当价格处于高位或低位、基差接近修复时，平仓离场。

当某个品种出现高库存、期货大幅升水且价格较高的情况时，在邻近交割的 2 个月内，交易者可以利用顶分型作为入场做空，这时，如果判断是正确的，那么现货会下跌，而期货会下跌更多一些来修复基差，当期货价格下跌到与现货接近水平时，基本上行情就要进入尾声甚至反转了，这是因为最小阻力的方向发生了改变。

当基差的安全边际[①]消失了，高价格的抑制需求变成了低价格的促进需求，库存也会被消耗一部分，从而导致库存降低。之前是库存驱动向下，价格驱动向下，而现在是价格驱动向上，库存驱动向下的力量减小了，二者驱动方向相反。交易者无法判断价格与库存哪个驱动力量更强一些，所

---

① 安全边际的理念最初是由格雷厄姆提出来的，而后被他的学生巴菲特发扬光大。在期货交易中，做多时，如果期货贴水于现货，正的基差就是安全边际；做空时，如果期货升水于现货，负的基差就是安全边际。

以没有了判断方向的概率优势，这时需要平仓兑现利润。

信号二、当价格处于高位或低位、基差频繁升贴水转换时，平仓离场。

当价格处于高位或低位，日内频繁实现基差的升贴水转换时，行情通常会进入尾声甚至反转阶段。需要注意的是，期货和现货是不可能完全平水的，因为涉及交割费用以及持仓成本在里面，所以只能说是期货与现货接近平水，价差在合理范围之内时，交易者就该选择平仓离场了。

信号三、当价格处于高位或低位、持仓量大幅下降时，平仓离场。

期货交易圈中有一句非常有趣的话："你开仓买入的每一笔单子，都是别人卖给你的，你们两人相视一笑，互道一声："你好！"这句话看似很有趣，其实有深刻的道理在里面：期货交易需要有对手盘，如果没有对手盘的话，你的单子便无法成交。

正所谓多头不死，空头不止。当多空双方发生激烈较量时，合约的持仓量不断加大，假设空头占主导优势，商品期货的价格重心会不断下移，到了比较低的价位，持仓量大幅减少时，期货价格进一步快速下跌。这说明多头已经认赔出局，斩仓离场，所以持仓量大幅下降，多头减仓就相当于空头加仓，所以期货价格会继续下跌。

由于期货交易需要有对手盘，多头已死，空头获利巨大，这个时候就会出现空头平仓离场来兑现利润，此时，持仓量会进一步降低，而期货的价格快速上涨，容易出现空杀空的踩踏行情。所以，价格处于高位或低位，持仓量大幅下降时行情基本上已经进入尾声甚至反转了。

所以，当交易者的持仓遇到上述三种情况时，需要格外小心，要逐渐平仓离场、兑换利润，不要妄想获得更多的利润。因为对你来说，你几乎已经赚到了交易系统之内最大的收益了。

此外,在交易过程中一切以盘面走势为主,当你的持仓已经获得很多利润,但并没有出现上述三种信号中的任何一种,而盘面却出现了明显相反的走势时,你也需要选择平仓离场。因为我们希望的是让利润奔跑,而不是让利润逃跑。

第 2 部分

怎么做的问题——基本面分析

基本面分析只能告诉你商品的价格未来会涨,但无法告诉你何时涨。如果你贸然进入做多,很有可能面对的就是漫长难熬的等待。所以,当你发现商品价格基本面发生拐点时,你仍需等待技术面的确认,一旦技术面和基本面发生了共振,此时就是你进场做多的最佳时机。

该部分主要强调了基本面在交易过程中的品种选择作用,介绍了基本面分析的一些基本要素以及为什么要进行基本面分析、基本面分析中常见的误区以及如何进行基本面分析等问题,具体章节包括:

- 第 5 章 商品的基本面包含哪些内容
- 第 6 章 为什么要进行基本面分析
- 第 7 章 基本面分析的常见误区
- 第 8 章 如何利用基本面预测商品的价格趋势

第 5 章

商品的基本面包含哪些内容

供需决定价格，价格影响供需。商品的基本面分析除了要研究供需外，还需要关注弹性、替代品与互补品、仓单与库存以及产业链等几个方面。研究商品的基本面需要具备一定的知识储备、严谨的逻辑思维能力，同时更要注重细节。当交易者拥有了自己的思维框架后，对商品以及产业链深度与细节的把握程度，往往决定了交易者分析基本面水平的高低。

供求是分析商品期货的根本

如果交易者想要了解商品的基本面情况，那么就需要具备一些微观经济学、产业经济学以及金融领域的相关知识。如图 5-1 所示，微观经济学中的供求理论认为，**在其他条件不变的情况下，价格的上涨会带来供应的增加和需求的减少；反之，价格的下跌会带来供应的减少和需求的增加。**

但是，在现实中很多产品并不符合这种供求定律，举例来说，丁二烯是石油裂解的副产品，它的供应就不能通过简单的供给曲线或者供给定理来进行解释，因为它属于被动供给，主要取决于全球乙烯装置的开工率。所以对于不同的品种，交易者不能一上来就盲目地分析它的供给与需求，对于像丁二烯这样的产品，如果你按照传统的经济学理论去分析，那肯定是不合理的。

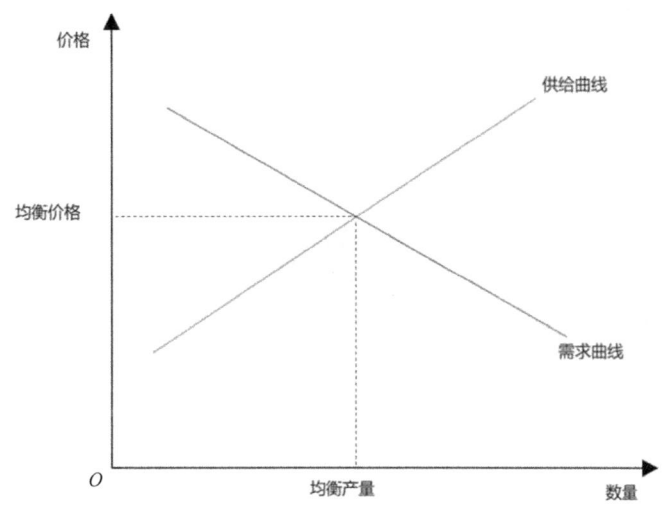

图 5-1　供给曲线与需求曲线

除了丁二烯外，黄金也不适用于用供求定理进行分析，当然，像黄金和白银这种贵金属也不适合用本书所介绍的交易系统进行交易，因为本书的交易系统中涉及了基本面分析，而黄金这个品种由于其特殊性，并不适合用基本面分析。

黄金的需求基本上取决于市场对黄金价值的心里感知，与此同时还会依赖无数个相互关联的变量，例如通货膨胀率、利率、货币的波动、贸易的平衡、政府的政策等一系列因素。更加让人难以判断的是，这些复杂的影响因素在不同时间和不同阶段其影响作用的大小各不相同，所以交易者很难对此进行分析。

除了需求的不确定性外，黄金的供给端也存在较大的不确定性，同样取决于市场的心理预期。众所周知，随着价格的上升，生产商会增加对商品的供给，但黄金却不是这样的。黄金的供给曲线往往是由于市场抛售行为导致的,显然,黄金的供求曲线是高度不稳定的,甚至是无形的,这就不难理解为什么黄金市场是基本面分析师的噩梦。

所以说,供需分析并不像你想象中的那样简单:供求决定价格,反过来,价格影响供求。供求定理对不同品种适用性不同。因此,期货交易者需要对交易的品种及其产业链有一定的了解才行。

弹性在交易过程中的作用

有一定经济学基础的交易者对弹性这个名词可能会比较熟悉一些。弹性分为供给弹性、需求弹性、收入弹性、交叉弹性等,它是指一个变量相对于另一个变量发生的一定比例的改变的属性。交易者需要关注供给弹性和需求弹性。

需求弹性是指价格的变化带来的需求量的变化。以螺纹和热卷为例,其需求弹性如图 5-2 所示。螺纹主要用于固定资产投资和基建领域,依赖于投资需求;热卷主要用于汽车以及家电领域,主要是消费性需求。投资需求主要受国家的政策、市场的预期等因素影响,弹性比较大;而消费需求相对稳定一些,更多的是受淡旺季的因素影响。

正是由于螺纹的需求弹性比热卷的需求弹性更大一些,所以当价格发生相同规模的变化时,螺纹的需求量比热卷的需求量变化更大一些。基于两个品种需求弹性的不同,所以当整体经济投资性需求偏强时,"卷螺差"可能会有缩小的趋势,当整体经济需求偏弱时,"卷螺差"可能会有进一步拉大的趋势。

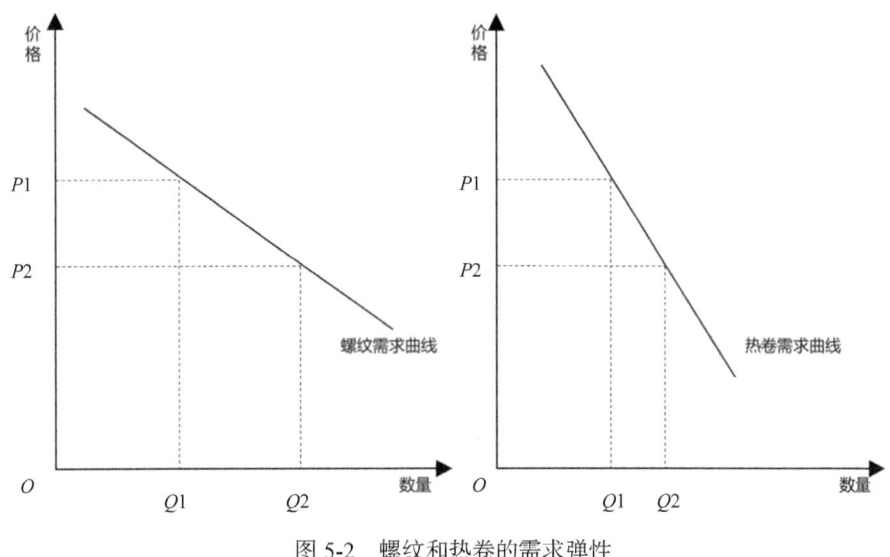

图 5-2 螺纹和热卷的需求弹性

供给弹性是指价格的变化带来的供应量的变化。 以鸡蛋为例，鸡蛋属于可以快速增产的产品，所以不要相信关于鸡蛋的任何炒作，当价格较高时，就去做空需求淡季的远月合约，基本上屡试不爽。因为鸡蛋的供给是可以短时间补足的，并且没有什么资金要求和技术壁垒，因此鸡蛋的供给弹性是非常大的。

与鸡蛋不同，如图 5-3 所示，大豆的供给弹性稍微小一些。大豆属于一年生的农作物，全球的供给主要取决于种植面积和生长关键期的天气情况。如果生长关键期的天气异常，单产下降明显，将导致供给出现较大变动，资金会配合炒作，价格会被迅速提高，但是需要注意的是，这种价格的变化往往缺乏持续性，因为第二年种植面积和天气都会变化很大。当种植利润较高时，农场可以锁定期货价格，第二年减少玉米种植面积，增加大豆种植面积。

因此，像大豆这种一年生的农作物很少出现趋势性，绝大多数时间里都是炒作"天气市"。当然，这种一年生的农产品也不是绝对没有趋势性行情的，在什么情况下会出现趋势性行情呢？只有发生比较严重的通货膨胀时，农产品才有可能出现连贯的趋势性行情，这种情况被称为"通胀市"。在通胀市的行情下，几乎所有的农产品价格都会上涨。

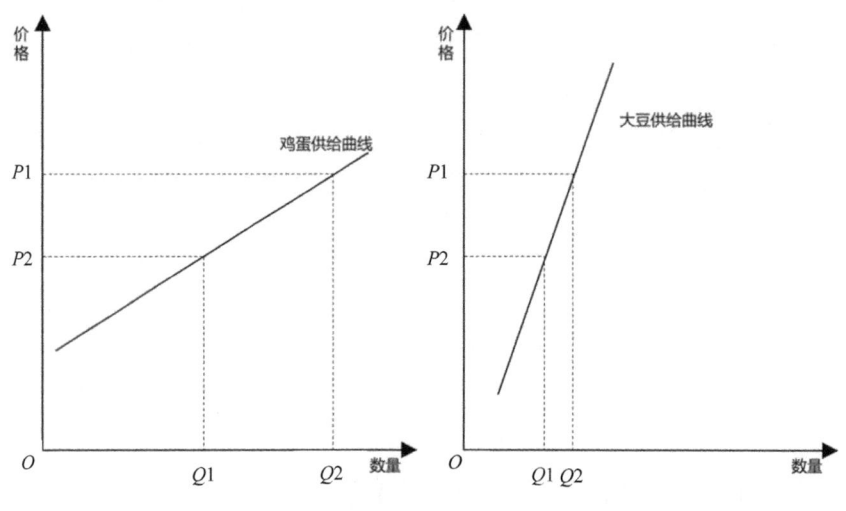

图 5-3　鸡蛋与大豆供给弹性的比较

与鸡蛋、大豆很难出现趋势性行情不同，橡胶是长期作物，所以种植面积不等于收获面积，橡胶苗从种植到可以开割需要 6~8 年的时间。一般情况下，当橡胶价格低迷时，胶农、胶园主、资本是无法预见 6~8 年后的需求情况的，从而本能地不增加种植面积。当需求突然爆发时，供给就会跟不上，价格就会有比较强的趋势性。可见，橡胶的供应弹性比鸡蛋和大豆要小一些。

通过上述对供给弹性与需求弹性的讲述，你会发现，工业品的需求弹性相对小一些，农产品的供给弹性相对大一些。在交易过程中，通过对不同品种的弹性进行研究，可以为交易者提供不同的交易机会和交易决策。

什么是替代品与互补品

在其他条件不变的情况下，如果说一种商品的价格上涨导致了另一种商品需求量的上涨，那么这两种商品就为替代品。举例来说，豆油和棕榈油就是一对替代品，当豆油价格不断上涨时，消费者会减少对豆油的需求，而增加对棕榈油的需求，从而导致棕榈油的需求量增加。当然，整个油脂板块替代品比较多，不仅有豆油、棕榈油、菜油，还有花生油、橄榄油、葵花油等，替代品非常多。近年来随着人们收入水平的不断提高，对更加健康的小品种油的需求也在不断增加，对传统的豆油、菜油等品种的需求有所下滑。

再以玉米为例（如图5-4所示），如果玉米的价格大幅下跌，就会导致玉米淀粉及淀粉糖的价格下跌，从而加大淀粉糖对白糖的替代作用，进而导致白糖的价格下跌。按照行业惯例，当白糖和淀粉糖的差价大于1500元/吨后，终端企业就会大量使用玉米淀粉，这就会使白糖的需求减少，从而导致白糖的价格下跌。此外玉米的价格下跌也会导致养鸡成本的下降，从而导致鸡蛋的价格下跌。所以很多时候看似不相关的一些产品，通过逻辑分析，会发现相互之间的关系非常密切。

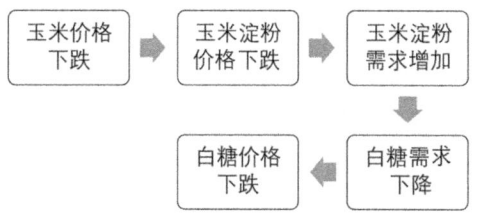

图 5-4　玉米价格下跌对白糖的替代作用

在其他条件不变的情况下，如果一种商品价格的上涨导致了另一种商品需求量的下跌，那么这两种商品就是互补品。例如，焦炭和铁矿石就属于互补品，因为焦炭、铁矿石、石灰石都是高炉炼铁的炉料，当焦炭价格大幅上升的时候，市场上对焦炭的需求量就会下降，而炼钢的时候焦炭和铁矿石是按照一定的配比作为炉料的，焦炭的需求量下降了，那么铁矿石的需求量也会下降。

通过对互补品和替代品的研究，交易者可以发现已上市期货品种之间的逻辑关系，一方面可以找到跨品种套利的机会，另一方面可以根据一个品种的变化推测相关品种未来可能发生的变化，从而发现新的交易机会。需要注意的是，交易者不仅需要关注已上市品种之间的替代与互补关系，还需要注意一些未上市品种的替代与互补关系，这些关系往往更加重要，但却很容易被交易者所忽视。

关于仓单，交易者需要知道的事

注册仓单是期货交易者需要留意的一个重要指标。交易者可以根据注册仓单的变化来判断贸易商的心理状态。然而一些缺乏现货经验的交易者往往会混淆标准仓单、注册仓单、有效预报等的概念，下面我们需要把仓单的相关概念进行简单梳理。

现货贸易商把符合交易所规定交割标准的货物运到交易所的交割仓库，然后入库检验合格之后，会给货物持有人开具**标准仓单**。此时，货物持有人可以拿着标准仓单到交易所的交割部门办理注册手续，将标准仓单转化为**注册仓单**。只有经过注册的仓单才能够进行交割，注册仓单的总数也就是交易所公布的**库存数量**。需要注意的是，已经注册的仓单还可以办理注销，也就是所谓的**注销仓单**，当某个合约进行交割时，需要办理仓单注销以及出库手续，此时这些仓单对应的货物就流入现货市场中了。

然而，并不是所有的仓单注销都意味着货物进入现货市场。由于仓单与期货价格之间存在一定的关系，一些客户可能会通过仓单的注销来改变交易者对未来价格的预期，因此在某些情况下的仓单注销，所对应的货物可能并未出库，而是仍然存放在交割仓库内，只是不在期货交易所统计范围之内。

提到注册仓单，就不得不提一下有效预报，由于仓单注册需要一定的费用，所以有时候现货商只是把货物入库，拿到标准仓单，却没有去注册，这些未注册的仓单就是**有效预报**。除此之外，由于注册仓单是可以注销的，那些注册之后又进行注销，但是依然存放在交割仓库内的货物也算有效预报，只不过这部分货物不体现在交易所公布的注册仓单和库存数量中。

仓单数量的大幅增减反映的是期货和现货的价差问题。如图5-5所示，当期货市场价格较高时，现货贸易商就会将注册仓单在期货市场销售。交易者可以根据仓单数量及变化来确定投资方向。当大量的仓单生成时，说明期货价格高于现货价格，这个时候应当选择做空。

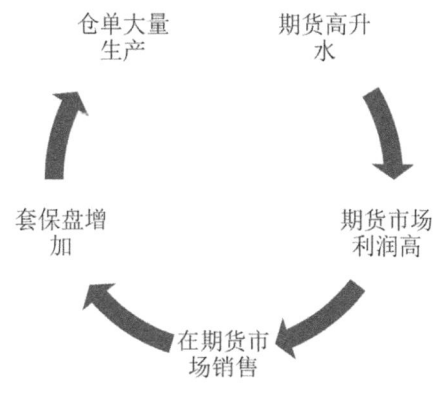

图5-5 期货升水与仓单之间的关系

当现货市场上的价格较高时，现货贸易商就会选择在现货市场上进行抛售，于是将期货对应的注册仓单进行注销，准备出库在现货市场上以更高的价格出售，这个时候应当选择做多，如图5-6所示。

在期货市场上，我们会经常看到，伴随着仓单的大量生成，期货价格却不断创出新高，这时候正是开仓做空的时候。相反，伴随着仓单的大量注销，期货价格却不断创出新低，这时候正是开仓做多的时候。当然，这只是利用仓单这一个维度去判断交易方向，在实际交易过程中，交易者可能需要通过多个维度对市场的方向进行综合判断。

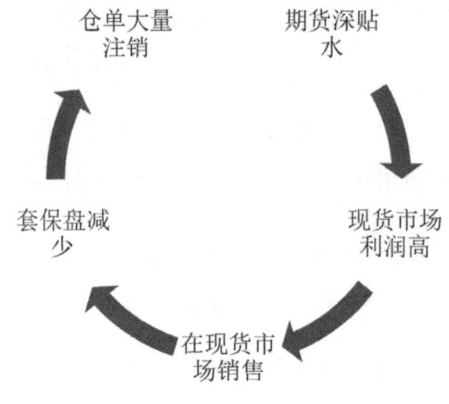

图 5-6　期货贴水与仓单之间的关系

有时候期货市场中的持仓主力为了影响价格，会通过注册仓单然后注销仓单的方式来改变交易所公布的库存数量。例如，当持仓主力希望价格上涨时，就会把持有的注册仓单大量注销，从而造成可交割货物不足的假象，然而实际上可交割的货物并没有减少，依然在仓库里存放着。相反，当持仓主力希望价格下跌时，他们又会把仓单再次进行注册，造成货物增多的假象，使得期货价格受此影响而下跌。关于这一点，交易者需要注意。

库存的分类与使用技巧

在本书前面的内容中，笔者介绍了工业品的库存周期，也叫作基钦周期。主动建库存过程中的上涨和主动去库存过程中的下跌是两个主要阶段，被动建库存过程中的下跌和被动去库存过程中的上涨是两个次要阶段，在库存周期的不同阶段，价格与库存数量之间的变化关系如图 5-7 所示。

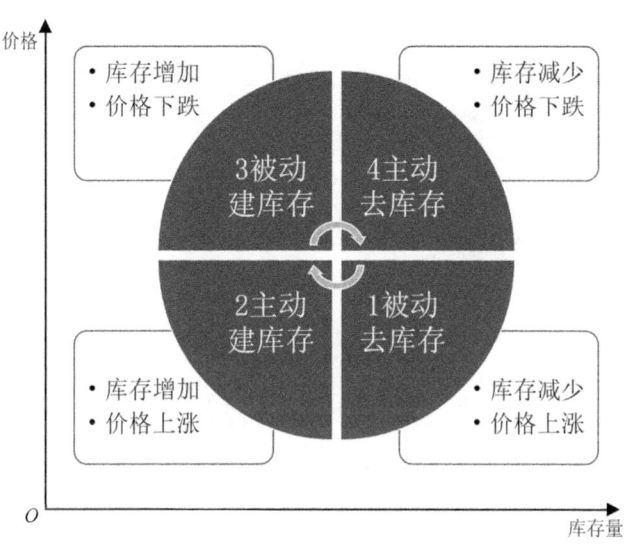

图 5-7　不同库存周期中价格的变化

或许,有的交易者可能会疑惑,这里的库存究竟是指存放在哪里的库存?是存放在交易所交割仓库中的库存?还是存放在工厂仓库中的库存?抑或是存放在贸易商手中的库存?想要搞清楚这个问题,就需要对整个产业活动有一定的了解。

从产业链的角度比较容易理解库存,产业链分为上游、中游和下游。如图 5-8 所示,上游主要是生产企业那里的存货,被称为工业库存,这部分库存主要是上游的生产企业为了能够给中下游提供货物所保留的存货。中游主要是贸易商那里囤积的存货,被称为社会库存或商业库存,由于贸易商主要是赚差价的,所以看好后市时,会逢低建立库存,逢高开始抛货。下游主要是终端企业为了维持日常使用所保留的一部分存货,被称为工厂库存。

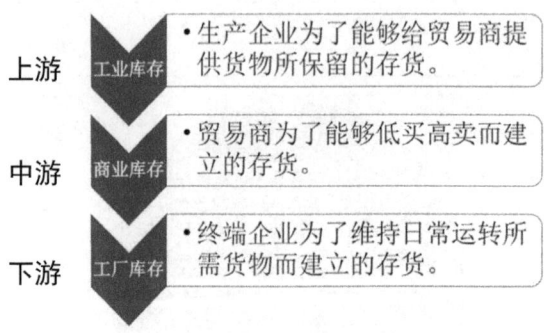

图 5-8 库存的三种分类

无论是上游生产企业，还是中游贸易商，抑或是下游终端企业，任何一个环节的库存累积之后，都会导致价格的下跌。例如，工厂库存增加，会导致终端企业延缓采购，需求下降，压力不断向上游传导，上游迫于现金流的压力，通常会选择降价。然而，在实际交易中，工厂库存数据往往难以获取，贸易商手中的商业库存相对公开一些，在实际交易中，通常是将工业库存和商业库存结合起来，以分析整个产业链的情况。

了解产业链才能抓住交易中的细节

凯丰投资[①]管理有限公司的一条投资理念是"细节暗藏产业密码，研究发现价值内核"。可见，只有对产业链充分了解，才能够发现不为人知的细节，从而在交易中做出更加明智的决策。关于产业链，交易者需要知道产业上游是什么、中游是什么、下游是什么、原材料是什么、中间品是什么、产成品是什么。很多交易者甚至都不知道自己交易的品种是干什么的，更别提产业链了。

接下来，让我们一起来简单了解几个常见的产业链。整个黑色系的产业链如图 5-9 所示。上游主要是焦化厂，首先将焦煤炼制成焦炭，中游是

---

① 凯丰投资管理有限公司是国内一家比较著名的投资机构。

钢厂，钢厂用焦炭和铁矿石作为原材料进行炼铁，生成中间品钢坯，而钢坯再被进一步加工为各种用途的钢材，如热卷和螺纹，最后是不同行业的下游企业来采购不同的产成品。

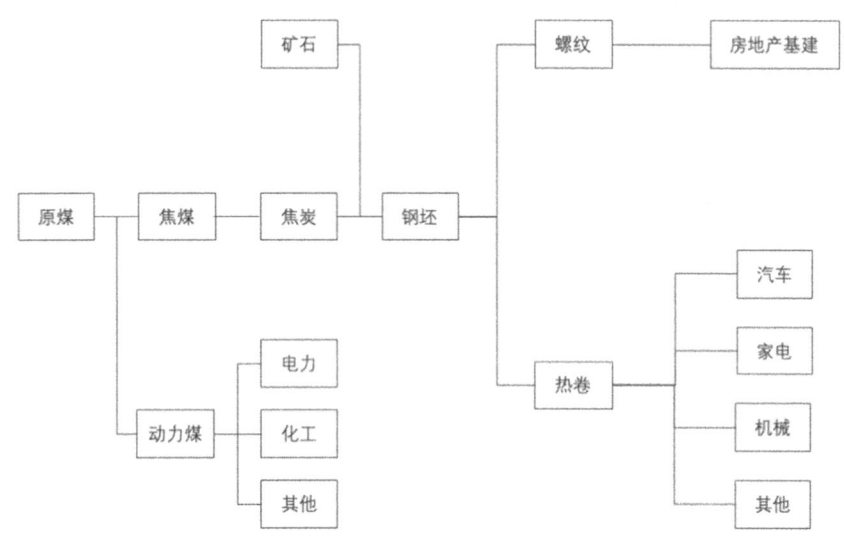

图 5-9　整个黑色系的产业链

钢铁生产主要有炼铁、炼钢、轧钢这三个过程。高炉炼铁时需要使用铁矿石、焦炭、石灰石作为炉料，炉料在高炉里经过一系列氧化还原反应后得到了铁水，铁水冷却后得到生铁，这是第一步炼铁的过程。生铁在炉中经过氧化反应脱去碳和其他杂质，就得到了钢水，这是第二步炼钢的过程。钢水经过加工得到成型的钢坯，也叫粗钢，然后扎制成各种用途的钢材，这是第三步轧钢的过程。可见钢坯是螺纹的最直接上游产品，钢坯与螺纹之间的价格相互传递作用非常明显。

接下来再简单介绍一下大豆产业链，如图 5-10 所示。大豆是压榨行业的原材料，而豆油和豆粕是产成品，压榨 1 吨大豆大约能够产生 80% 的豆粕、18% 的豆油，还有 2% 的漏损率。但是需要注意的是，大连商品期货交易所把大豆分为豆一和豆二，豆一是国产非转基因大豆，豆二是转基因大豆。

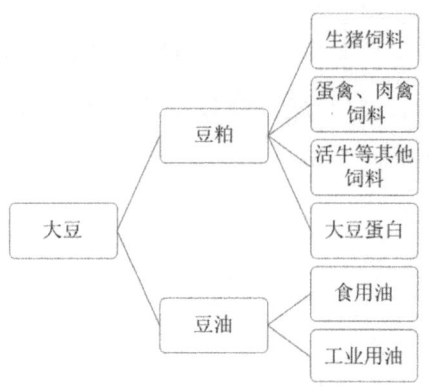

图 5-10 大豆产业链情况

国内的豆粕和豆油大多是从美国进口的转基因大豆压榨而来的,所以豆二才是豆油和豆粕的原材料,但是由于豆二的持仓量较小,其市场参与度并不高。所以对于压榨企业的产业利润套利不是直接在成品与原料之间进行反向交易,而是在两个产成品之间进行反向交易的,也就是油粕比套利,很多交易者可能会选择豆一和豆粕进行套利,严格说来,这是不太符合逻辑的。

再来看一下棉花的产业链情况。如图 5-11 所示,农民种植的棉花,首先是被加工厂收走加工成籽棉,接着贸易商又从加工厂手中把籽棉收走加工成皮棉,然后纺纱厂又从贸易商手中把皮棉收走加工成纱线,然后织布厂又从纺纱厂手中把纱线收走加工成布匹,接着服装厂又从织布厂手中把布匹收走加工成服装,最终流入市场。

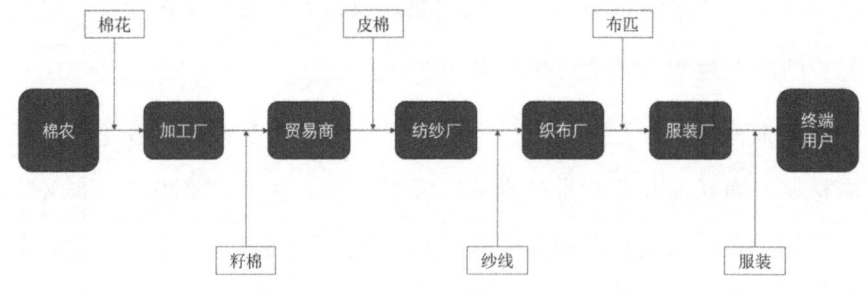

图 5-11 棉花产业链示意图

整个棉花的产业链是非常长的,中间任何一个环节的价格或者供需发生变化都会影响到棉花的价格。此外,做棉花这个品种还需要关注一下外盘情况,尤其是美国 ICE 棉花的情况。对于一些国际化水平较高的品种,内外盘往往存在联动关系。

最后,简单介绍一下 PTA 的产业链情况。如图 5-12 所示,PTA 是一种化学物品,在常温条件下是白色晶体或粉末,具有低毒、易燃等特性。它是原油裂解加工的产物,上游原材料是 PX,即二甲苯,最初的上游是原油,因此 PTA 的价格往往受原油影响较大,下游是聚酯产品,由于和棉花同属纺织行业,所以存在一定的替代效应。

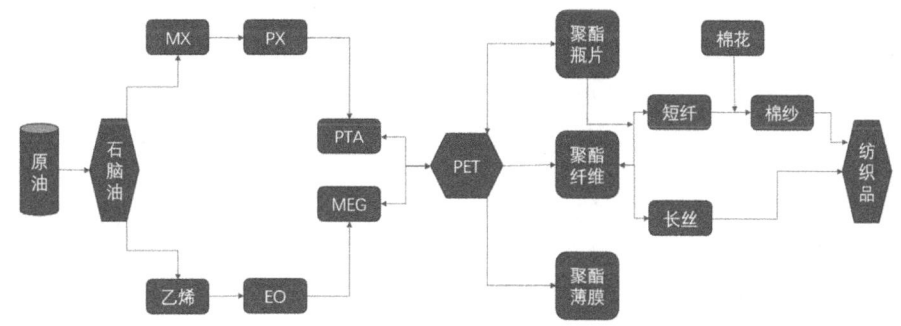

图 5-12　PTA 产业链示意图

可见,PTA 的整个产业链非常长。从原材料上讲,它是化工原料,但从产成品来看,它是一个纺织品材料,存在较大的行业跨度,若上下游中有某个环节价格变动就能引起它的变动。所以交易者如果选择了像 PTA 这样一个产业链特别长,而且跨度特别大的品种,需要关注的基本面信息就非常多,也就需要投入更多的时间和精力。所以,基本面分析看起来很简单,但实际上并不容易。

第 6 章

为什么要进行基本面分析

基本面分析和技术分析并不是相互独立存在的，基本面分析能够提供另一个维度的信息，而这些信息是技术分析无法提供的。基本面分析的主要作用在于给交易者提供品种策略，而技术分析的作用在于提供信号策略。一个有效的交易系统应该包括基本面分析、技术分析和资金管理。

关于基本面分析的争论

基本面分析是基于相关经济数据和逻辑思维方式来预测价格的，然而技术分析主要通过研究价格数据本来的形态来预测未来的价格。哪种方法更好呢？围绕这个问题，不同类型的交易者有不同的看法，其中不乏一些交易界的知名人物。

埃德·史柯达是公认的技术分析大师，他曾经讲过这样一个故事："一天晚上，在和一位信奉基本面分析的人共餐时，我偶然把餐刀碰到了桌角。他注视着刀子在空中旋转，最后任由刀尖插进他的鞋里。我大惊地说道：'为什么你不躲开呢？'他回答：'我一直在等着刀子回到它原来的地方。'"这显然是对基本面分析者的讽刺！

然而，吉姆·罗杰斯[①]却是另一个极端的代表。多年以来，吉姆·罗杰斯一直对市场预测有着比较高的准确率。罗杰斯在谈到他对技术分析的看法时说道："我还没有遇到过有钱的技术分析师，当然不包括靠出售自己的服务而赚了很多钱的技术分析师。"这个讽刺的回答同样言简意赅地概括了罗杰斯关于技术分析的观点。

不仅国外的交易大师对这个问题争论不休，国内的交易者对这个问题也是无休止的争论。技术分析的信徒认为基本面分析大都是事后诸葛亮，总是试图解释行情发展的原因。基本面分析的信徒则认为技术分析缺乏严谨性，就像根据影子来判断人行走的方向一样，是本末倒置的行为。

关于这个问题，黄徽在《对冲基金到底是什么？》一书中有过精彩的比喻：技术分析就像是华山派的剑宗，剑宗认为武功的要点在剑上，招法精妙，剑术一成，即使内功平平，也能克敌制胜。基本面分析就像是气宗，气宗认为气为先，以气运剑，剑到气到，内功练到家了，剑就练成了。

由于剑宗功夫易于速成，见效极快，同样练一年，剑宗比气宗更加厉害；同样练三年，双方不相上下；但练五年以上，气宗就会完胜剑宗。可见气宗的上限比较高，而剑宗的上限相对较低。由于国内期货市场上散户居多，而绝大多数散户都是急于求成的，基本上都属于剑宗，以技术分析为主。

实际上，无论是纯粹的基本面分析者、纯粹的技术分析者还是二者结合的分析者，都有可能成为一名成功的交易者。这两种方法并不是互相排斥的，实际上，很多成功的交易者都使用基本面分析来确定市场交易的方向，使用技术分析来确定交易进场和离场的时机。

[①] 吉姆·罗杰斯和乔治·索罗斯是量子基金的两大领袖，他们创立的量子基金是当时华尔街最成功的基金之一。

单纯的技术分析遇到的问题

作为一名资深的期货交易者，起初，笔者并没有意识到基本面分析的作用在于品种选择与方向判断，而技术分析的作用在于择时。笔者只是一个纯技术分析交易者，相信价格包含了一切市场信息，只要充分利用技术分析就能够在市场中获得盈利。然而，在实际交易的过程中，经常遇到很多问题。

如图 6-1 所示，当橡胶期货整体上处于下跌行情时，在下跌行情过程中难免会有所反弹，单纯从技术分析角度来说，趁反弹逢高继续做空较为合理，这也是众多技术分析者经常会采取的一种交易策略。但橡胶期货价格稍微向下跌了一点后，就立马继续上涨，不断创出新高，走出了反转行情，结果交易者以止损出场。

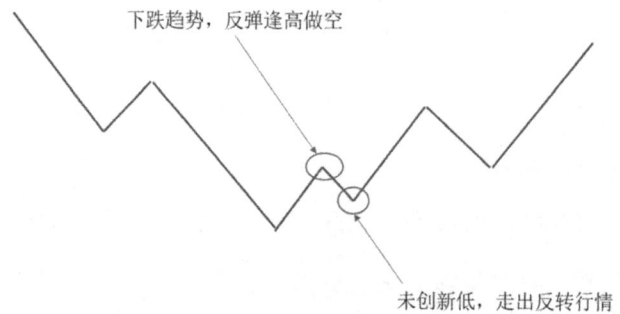

图 6-1　下跌趋势突然反转

聪明的交易者总是喜欢从过去的错误中吸取经验。如图 6-2 所示，当螺纹期货同样处于下跌行情时，交易者吸取了上次在橡胶期货操作上失败的经验，趁螺纹期货反弹的时候，顺势做多。结果这一次的反弹只是下跌过程中一个正常的超跌反弹，稍微反弹后又继续下跌，交易者又一次以止损离场。

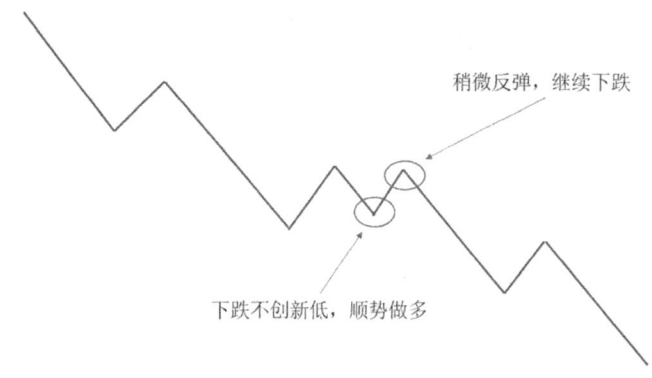

图 6-2 反弹之后继续下跌

于是,精明的交易者就会陷入反思:为什么同样是下跌过程中的反弹,橡胶期货反转了,而螺纹期货却只是超跌反弹呢?很显然技术分析无法解释和区分这两种情况。所以从那个时候,交易者就应该意识到:仅仅通过技术分析这个维度去做交易决策是不够的,还需要利用基本面分析来提供另外一个维度的信息。

事实上,如果交易者能够结合不同商品的基本面来进行分析的话,这个问题其实还是很好解决的。当时橡胶期货之所以反转是由于价格长期下跌,很多胶场停割,导致库存不断被消耗,同时下游重卡销量数据利好,在价格低位、库存偏低、需求启动的情况下,橡胶期货走出了反弹行情。反观螺纹期货,整体上依然处于漫长的去库存下跌过程中,只不过是技术上出现了超跌反弹,基本面并没有发生根本性改变,所以螺纹期货反弹后继续下跌。

基本面分析提供了另一个维度的信息

基本面分析并不像技术分析者认为的那样一无是处,它也有合理性。它可以给交易者提供另一个维度的信息,而这些信息往往是技术分析无法提供的，同时，这些信息往往会影响交易者对价格变化的最终判断。一个聪明的交易者不会排斥任何一种可以帮助自己赚钱的交易方法。

因此，交易者应该不断完善自己的交易方法，从纯粹的技术分析，逐渐过渡到将基本面分析、技术分析、资金管理相结合，再做到逻辑思维与概率思维相结合，从而做出最合理的交易决策。

基本面分析最大的作用在于判断交易方向与选择商品，我们使用基本面分析的四个原因如下。

第一，基本面分析能够提供另一个维度的信息，而这些信息是技术分析无法提供的。

第二，基本面有时候可能在任何技术信号出现之前就预示着一个重大的价格变动。在橡胶期货与螺纹期货两个案例中，技术分析显得无能为力，而基本面分析却能给交易者提供更加合理的交易决策。

第三，当基本面分析揭示了潜在的重大市场变化时，对基本面的了解可以使交易者采取更加激进的操作。例如，傅海棠[①]对基本面分析比较擅长，所以当他发现重大机会时，总是果断重仓买入。但是对技术分析交易者来说，如果他们对待所有的交易信号一视同仁，那么可能因此错过一个赚钱的机会。

第四，了解商品的基本面因素可以让交易者把一个盈利单子拿得更久。因为如果单从技术角度来看，交易者往往无法确定利润回撤是属于正常回调还是反转，出于谨慎起见，总会过早平掉仓位。

---

① 傅海棠，职业期货投资人，在 2016 年的期货牛市中获利 70 倍而一举成名，被称为农民哲学家，他在他的著作《一个农民的亿万传奇》中介绍了自己的期货投资故事。

第 7 章

基本面分析的常见误区

如果说学艺不精是危险的，那么学识渊博到足以化险为夷的又有几个人呢？一个完全忽视基本面的交易者几乎一定比一个错用基本面的交易者要好一些，但是，决不能否认基本面分析是一个有用甚至强大的方法，错不在基本面，而在我们自身。

关于基本面分析的几个故事

故事1

你已经连续两周做多豆粕期货了，而且这是你认为最好的交易之一。尽管市场上充斥着各种各样的谣言，但豆粕期货的价格还是在很稳健地上涨。就在美国农业部将要发布调低美豆种植面积的报告的那个晚上，你开始畅想着豆粕期货这笔交易是否可以让你一次性实现财富自由，然后提前退休。

在第二天早晨开盘之前，你立即查看了一下公告的结果，美豆种植面积果然调低了，虽然没有预期那么好，但是也还可以。然而，等到早晨豆粕期货开盘时，价格竟然瞬间跌破了前一日的最低点，市场大幅跳空低开。

几天之后,豆粕期货的价格从 3400 元/吨跌到了 3000 元/吨附近,你的利润最终全部蒸发掉了。

故事2

你了解到橡胶期货的价格已经低于生产成本,并且从技术指标上看,已经出现了超跌状态。于是你买入做多了橡胶期货,因为无论从成本支撑的角度,还是从技术分析的角度,橡胶期货的价格几乎都不可能继续下跌了,在你看来这是一次明智的决策。

然而,事实证明,橡胶期货的价格并没有上涨,反而持续下跌。你不明白为什么生产者会继续卖橡胶,你对现在这种逻辑矛盾的市场价格既感到困惑,又感到非常沮丧,而你的损失还在继续增加。

故事3

你发现,在有色板块中,镍的期货价格已经接近其上市以来的历史高位,而且你也意识到镍的供应已经下降,同时预估将维持低位,但是基于进一步的研究,你发现,过去好几次在镍的期货价格更低的时候,镍的供应量更少。你认为现在的牛市已经过热了,因此你选择了做空镍期货。

结果,镍的期货价格不但没有下跌,反而继续向上涨,并创出新高。你认识到市场现在处于更好的卖空时点,于是你选择再次增加空头的仓位。但是镍的期货价格依然在上涨,直到你最终认输出局。

故事4

你做好了充分的准备,对于政府即将公布的 PMI 数据[①]充满了信心。

---

① PMI 是 Purchasing Managers' Index（采购经理指数）的英文缩写,是通过对采购经理的月度调查汇总出来的指数,反映了经济的变化趋势。PMI 是一套月度发布的、综合性的经济检测指标体系,分为制造业 PMI、服务业 PMI。PMI 指数以 50 为荣枯分水线。

第7章 基本面分析的常见误区

由于经济进入下行阶段，产能都在收缩，你预计 PMI 同比下降 1%以上，虽然螺纹期货的价格已经大幅下跌了，但是你认为 PMI 数据如果符合你的预期，那么螺纹期货的价格将会进一步下跌。

尽管你了解在一个重要经济数据公布之前持有仓位的风险，但是对于这样一个机会，你无法拒绝。当数据公布时，你死死地盯着电脑屏幕，心跳在加速。当你看到关键词 PMI、看到那个数据时，一个微笑划过面容"果然不出我所料，PMI 同比下降 1.5%"。

结果，下午一开盘，螺纹期货价格如你预期般大幅低开，然后你开始计算，如果连续 3 个跌停板，你的利润将会是多少，而且还是保守估计值。然而，还没等你算完利润，一件奇怪的事情发生了，市场开始反弹了，结果在收盘时，螺纹期货价格不仅没有下跌，反而上涨了 80 点。上涨的趋势一直持续到下一个交易日，一个星期之后，你以一定的亏损平仓了。你感到自己被欺骗了，在你的预期里，你是对的，然而在盘面上，你却是错的！

如图 7-1 所示，上述四个故事看起来给基本面分析不起作用提供了证据，笔者相信，许多期货交易者，尤其是基本面分析者，都会从类似的经历中得出上述结论。虽然一个完全忽视基本面的交易者比一个错用基本面的交易者要好一些，但是决不能否认基本面分析是一个有用甚至强大的方法，错不在基本面，而在我们自身。

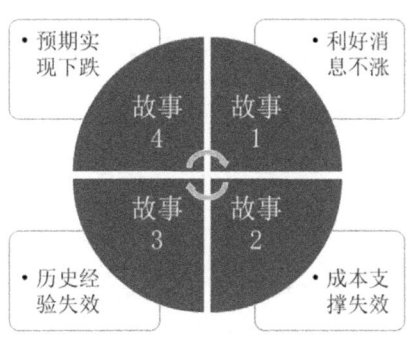

图 7-1　四个关于基本面分析的故事

基本面分析中常见的几个错误

很多交易者或多或少都具备一些基本面分析的常识,但这并不意味着这些交易者就能够进行基本面分析。拥有一定的知识储备是基本面分析的必要条件,而不是充分条件,更不是充要条件。因为基本面分析以基本的知识储备为前提,以缜密的逻辑推导为核心,再辅以数据进行验证,最终得出有理有据的结论。

然而,很多人自诩为基本面分析者,由于对基本面分析缺乏正确的认识,或者经验欠缺,他们在进行分析的过程中,经常出现以下四种错误,如图7-2所示。

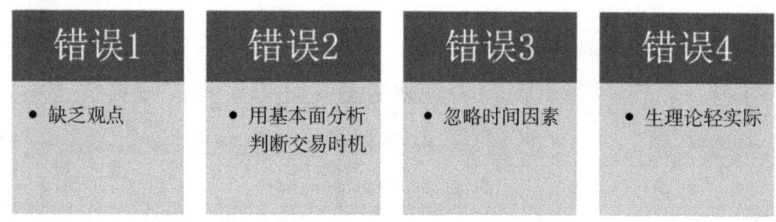

图7-2 基本面分析常见的四种错误

第一种错误:缺乏观点。

你会发现很多券商或者期货公司的研究报告总是罗列一大堆图表和数据,然后给你一个模棱两可的观点。当你看完报告后,很难确定分析师究竟是看多还是看空。基本面分析不是图表或数据的罗列,而是一种线性过程,需要严密的逻辑,以及明确的结论。

你需要确定一个方向,然后按照这个方向选择合适的时机去开仓。机构的分析师或许出于某些特殊的原因不能给出明确的方向,但是你作为交易者,必须通过基本面分析确定一个明确的方向。需要注意的是,分析师是不需要对分析结果负责的,而你作为一名交易者,必须对自己的交易结果负责,所以你的分析必须有一个明确的观点。

第二种错误：用基本面分析判断交易时机。

基本面分析的最大作用在于判断商品未来的价格运动方向以及选择商品，技术分析的作用才是寻找进出场的买卖点。一些交易者并没有正确理解基本面分析和技术分析各自的作用。按照犯错概率来说，用基本面分析来判断交易时机有很大可能会排在第一位。因此，再好的方法如果运用不当，也很难发挥它应有的作用。

基本面分析只能告诉你商品的价格未来会涨，但它无法告诉你何时涨。如果你贸然进入做多，很有可能面对的就是漫长难熬的等待。所以，当你发现商品价格基本面发生拐点时，你仍需等待技术面的确认，一旦技术面和基本面发生了共振，此时就是你进场做多的最佳时机。

第三种错误：忽略时间因素。

有时候市场上出现了某个利空消息，比如说预期棉花产量将增长10%，这个消息听起来对棉花价格是利空，但是可能上个月预期棉花产量将增长15%，如果考虑消息的时间因素的话，这次调低了预期产量，对棉花价格来说反而是利好。

所以很多听起来利空的消息实际上已经过时了，之前已经被市场充分消化了。此外，对于市场上的一些消息，交易者还需要考虑短期影响和长期影响，因为商品的短期价格是由供需决定的，长期价格是由成本决定的，交易者需要搞清楚这个突发的消息所改变的是什么。

第四种错误：重理论轻实际。

很多学院派出身的基本面分析者的理论知识非常丰富，但是理论联系实际的能力非常差，甚至在很多时候不如非学院派出身的基本面交易者。因为绝大多数分析师本身并没有参与过交易，所以他们在交易层面上的经验远不如实战交易者。举例来说，有的年轻分析师因为对商品的交割制度并不了解，所以在他们分析的框架中，往往会忽略交割制度的问题。

然而交割制度的约束，往往会导致理论与实际不符。比如，天然橡胶的产业链如图 7-3 所示。由于当下橡胶的产业特点，导致橡胶期货一直是正向市场，即现货价格低于近月合约价格，近月合约价格低于远月合约价格。这种正向的市场结构使得国营胶场选择在期货市场上以更高的价格把新胶抛出，而现货市场上流通的都是前一年的老胶。

图 7-3 天然橡胶的产业链

上海期货交易所规定：国产天然橡胶在库交割的有效期限为生产年份的第二年的最后一个交割月份，超过期限的转为现货。也就是说，2018 年的期货市场上流通的是 2017 年的老胶，这些胶最多只能在 1811 合约上进行交割，无法在 1901 合约上进行交割，所以很多时候橡胶期货 1 月合约都升水于现货一定幅度进行交割，基差并不会完全修复。

其实，基本面分析最大的作用在于两点：方向指引和空间预判。也就是说，通过基本面分析，交易者可以得到商品未来确定性的价格方向以及上涨或下跌的空间有多大。但它并不能告诉你行情什么时候爆发，你应该何时入场、何时减仓、何时平仓离场。所以说，基本面分析并不是万能的，还需要依赖技术分析。

除了上述提到的基本面分析中经常出现的错误外，不同的交易者由于经验欠缺或者知识匮乏，在进行基本面分析时也会犯一些其他错误。关于基本面分析的更多技巧以及错误，可以在杰克·施瓦格的 *Futures: Fundamental Analysis* 一书中了解。

第8章

如何利用基本面预测商品的价格趋势

常用的两种基本面分析法是平衡表分析法与产业链分析法,平衡表分析法的核心在于对市场数据和信息进行定性与定量分析。产业链分析法的核心在于了解产业链的上、中、下游主要关注什么。

如何建立商品的供需平衡表

基本面分析法是很多交易者经常提及的话题,但是什么是基本面分析法,往往很难有人说清楚,更不要说提供一个完整的思维框架了。在对商品进行基本面分析时,必不可少的一项工作就是建立商品的供需平衡表,可以说供需平衡表是基本面分析的灵魂所在。棉花的年度供需平衡表如表8-1所示。

表8-1 棉花的年度供需平衡表

年度	2013—2014	2014—2015	2015—2016	2016—2017	2017—2018
期初库存(万吨)	1047	1219	1223	1047	823
国内产量(万吨)	630	613	490	461	505

续表

年　　度	2013—2014	2014—2015	2015—2016	2016—2017	2017—2018
进口量（万吨）	293	160	97	114	116
总供给（万吨）	1970	1992	1810	1622	1444
国内消费（万吨）	750	768	763	797	830
出口量（万吨）	1	1	1	1	1
总需求量（万吨）	751	769	764	798	831
期末库存（万吨）	1219	1223	1047	824	613
库存消费比（万吨）	162.3%	159.0%	137.0%	103.3%	73.8%

数据来源：天下粮仓

从表 8-1 中不难看出，供需平衡表主要由两个方面组成：一个是供给，供给端体现了某个品种本身的产能释放情况，主要包括国内产量和进口量；另一个是需求，需求端体现了该品种所有的下游需求之和，主要包括国内消费量和出口量。

除了供给和需求外，供需平衡表中还有一个非常重要的概念，那就是库存。从表面上看，期初库存被计算到总供给当中，但实际上库存既是供给，又是需求。因为库存的增加或者减少，有主动原因也有被动原因。当库存被动增加时，库存会形成对价格的巨大压力，这时的库存就是供给；当库存主动增加时，库存会形成对价格的巨大支撑，这时的库存就是需求。

当我们了解了供需平衡表中的供给、需求和库存的关系后，平衡体现在哪里呢？一张完整的供需平衡表体现在下面的公式中：

$$总供给＋期初库存＝总需求＋期末库存$$

当交易者建立起商品的供需平衡表后，就可以知道供给与需求的差值，如果差值是正数，则说明当下是供过于求的；如果差值是负数，则说明当下是供不应求的。在供过于求的情况下，商品的价格未来有下行的压力，在供不应求的情况下，商品的价格未来有上行的动能。

为了能够量化出供过于求或者供不应求的具体程度，在供需平衡表中往往还有一个项目，那就是库存消费比，其计算公式如下：

$$库存消费比＝期末库存/总需求$$

库存消费比的含义是，按照当下的消费速度，期末库存能够维持的消费比例。若库存消费比过低，则说明供需环境偏激，未来商品价格有上涨的动能；若库存消费比过高，则说明供需环境偏松，未来商品价格有下行的压力。

平衡表分析法的核心是什么

既然交易者已经了解了供需平衡表中的三大核心因素：供给、需求和库存，那么在进行基本面分析时，如何对这三个要素进行分析呢？相信这也是绝大多数基本面交易者所苦恼的问题，其实只要抓住平衡表分析法的核心，这个问题就能够迎刃而解。**平衡表分析法的核心在于对市场数据和消息进行定性与定量分析。**

举例来说，当你发现市场上出现了这样一个消息"某个商品的库存开始不断累积"时，乍一听，这似乎是一个利空消息，如果库存的累积出现在价格高位或者利润高位时，那么的确是一个利空消息，但如果库存的累积出现在价格低位或者利润低位时，那么很可能是主动建库存的过程，反而是一个利好消息。这就是利用平衡表分析法时一个很重要的问题，给数据和消息进行定性分析，如果定性不对，就容易做错方向。

再比如，市场上出现另一个消息"海南的大量橡胶树得了白粉病，严重影响产量。"从定性的角度来说，这无疑是一个有利于做多的利好消息，因为供给出问题了。如何去给这个消息定量呢？这就需要深入学习和研究了，了解白粉病的影响机理、影响程度，以及各地有无防治的经验等，这些都需要平时的学习和积累。当然,很多时候盘面会有各种炒作,但是知识的积累可以让人保持清醒。

除了库存和供给端会经常有一些消息外,需求端也会有各种消息。例如,市场上突然出现这样一个消息"3月份重卡销量同比增加30%。"从定性角度来说,这肯定也是利多。但是定量呢?究竟增加了多少轮胎的消耗?增加了多少橡胶的需求?增加的原因是什么?会不会是陷阱?交易者都需要反复去问自己这些问题,而不是盲目去做多。

通过上面几个例子,你会发现(如图 8-1 所示)**在进行库存分析时,定量往往比较容易,而定性却比较难;在进行供给和需求分析时,定性往往比较容易,而定量却比较难。**所以这就需要交易者在日常交易过程中多学习、多积累、多思考、多判断,慢慢地就会提高自己的分析能力。

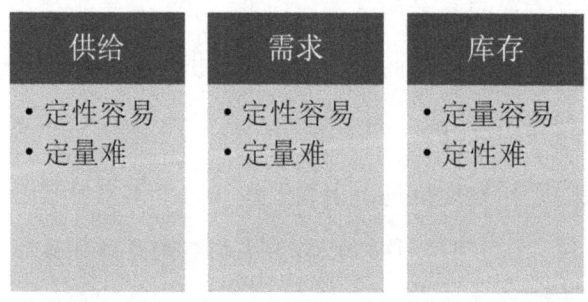

图 8-1 平衡表分析法的核心

如何进行产业链分析

交易者在进行基本面分析时,除了使用平衡表分析法外,通常还需要结合产业链分析法。交易者需要了解整个产业链的上下游情况,通过对整个产业链进行分析,就不会孤立地去分析一个商品,从而更能把握未来,做出更加合理的交易决策。

了解产业链。价格的变动是产业上、中、下游博弈形成的,所以深入了解产业的现状以及当下的行为模式非常重要。对于想要做基本面分析的交易者,至少要知道整个产业链的上游是什么、中游是什么、下游是什么、原材料是什么、产成品是什么,这些都是最基本的情况,清楚地掌握原材料、中间品和产成品的情况,也有助于理解整个产业链的上、中、下游。如图 8-2 所示,对于产业链的不同位置,交易者关注的核心也是不同的。

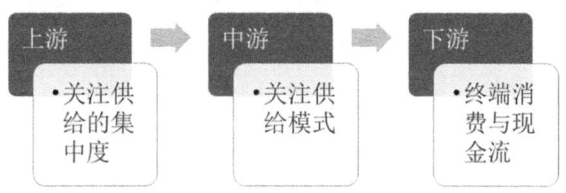

图 8-2 产业链分析的关键

上游看什么? 上游主要看供给的集中度情况,要了解全球及国内的供给格局,从而把握上游的市场集中度、企业集中度和区域集中度。集中度越高的品种,上游的定价权越高,上游越分散的产业,定价权相对越低。

常用的测量产业集中度的指标是赫芬达尔指数 HHI,它主要考察的是行业内前 n 个企业的市场占有率情况。以铁矿石为例,四大矿石巨头的市场占有率为 85%,可以表示为 HHI(4)=85%。产业集中度这个指标往往容易被交易者忽略,然而它在交易中有时能够起到重要参考作用。

当某个品种库存比较高,而价格一路下跌时,会导致利润很低,甚至亏损。这个时候期货如果贴水的话,那么基差修复方向取决于产业集中度情况。产业客户在期货市场上可以做多,也可以做空。当价格较高、利润较高时,产业客户在期货市场做空套保,锁定利润,这是合理的。当价格较低、利润较低甚至亏损时,产业客户如果在期货市场上做空,压低期货价格,那么最终迫使现货降价,导致其销售收入大幅下降,将得不偿失。这个时候产业客户更喜欢在期货价格较低的时候做多期货,再通过其在现货市场的影响力进行"挺价",从而赚取基差回归的利润。

因此,对于期货交易来说,谁控制了现货,谁就能控制期货,所以对于上游的供给集中度情况需要有一定的了解。行业集中度不同,产业客户对现货价格的影响力也就不同,了解这些,对交易者做出合理决策是非常有帮助的。

中游看什么? 中游主要看供给的模式,是传统的贸易模式,还是套利交易,或是长约模式。如果你不了解供给模式,就会被表面的现象所迷惑。举个例子,很多交易者一直存有这样的疑问:为什么今天这个品种的期货大跌了,而现货价格却没有变化,相反,另一个品种的期货价格大跌了,而现货价格也跟着大跌了呢?

出现这种现象的根本原因是供给的模式不同,对于传统的贸易模式,每天的报价都是不一样的,对于长约模式,现货价格在一段时间内都是固定的。所以想要深入进行基本面分析,了解当下产业的供给模式是非常重要的,因为不同的产业其定价模式和交易方式往往存在细节上的差异。

下游看什么? 下游主要看终端消费以及企业的现金流情况。交易者应当注意下游企业当下的产量与利润情况,如果企业利润状况良好,说明终端消费情况还不错,下游企业就会有扩大产量的动机,扩大产量就需要进行产能扩张,进行产能扩张就需要使用资金,这就涉及企业的经营现金流状况以及融资渠道是否畅通,如图 8-3 所示。

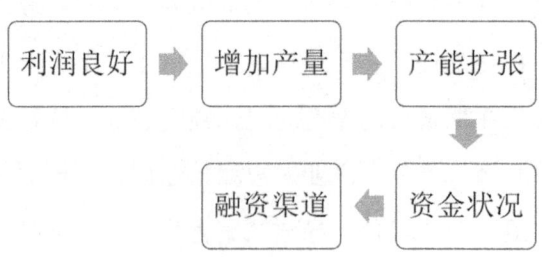

图 8-3 厂商扩大生产的规律

只有深刻了解了完整的产业链,以及产业链上、中、下游主要看什么,你才会更加清楚地了解整个供需压力以及利润是如何在产业链之间进行传导的。当然,这里只是简单介绍看待产业链的一种方法,还是那句话,不同的产业、不同的行业,各有各的内幕,需要持续跟踪、深入挖掘,否则看到的永远只是表象。

利用基本面来判断商品的趋势

在上述的内容中,笔者已经介绍了两种常见的基本面分析框架,在实际使用过程中,通常需要将两种方法结合起来,平衡表分析法更多的是从静态角度去分析的,而产业链分析法更多的是从动态角度进行分析的。下面我们简单介绍一下,如何根据平衡表分析法来判断商品的短期趋势。

当某个品种现货和期货面临较大价差时,随着交割日的临近,基差大概率要进行修复,这个基差修复的方向,就是商品的短期趋势。此时,对交易者来说只需要判断短期趋势的方向即可。在前面的内容中,我们介绍了通过库存、基差和产业利润三个维度就能大体判断出未来的短期趋势。

当某个商品库存较多,而且期货价格又高升水时,如果此时商品的价格或者利润也处在高位的话,那么未来期货价格下跌向现货价格修复是大概率事件,即短期趋势是下跌的。相反,当某个商品库存较少,而且期货又大幅贴水时,如果此时商品的价格或者利润处于较低水平,那么未来期货价格上涨来修复基差是大概率事件,即短期趋势是上涨的。

正是基于上述对短期趋势的判断,才有了本书所介绍的这套交易系统:

高库存+高升水+高利润+技术信号=择机做空

低库存+深贴水+低利润+技术信号=择机做多

然而，市场上的机会并不像交易者想象中那么多，很多时候当交易者发现基差存在机会时，库存和产业利润却处于矛盾状态，往往导致交易者难以判断基差修复的方向。例如，当期货深贴水、现货高库存且低利润时，基差如何修复？或者，当期货深贴水、现货低库存且高利润时，基差又如何修复？

此时，交易者需要考虑产业集中度问题。当期货深度贴水，价格或者利润处于低位，但库存比较高时，产业集中度高的产业，产业客户对现货的影响力比较大。当价格较低、利润较低甚至亏损时，产业客户如果在期货市场上做空，压低期货价格，最终迫使现货降价，导致其销售收入大幅下降是得不偿失的。相反，这个时候产业客户更喜欢在期货价格较低的时候做多期货，再通过其在现货市场的影响力进行"挺价"，从而赚取基差回归的利润。

相反，当期货深度贴水，价格或者利润处于高位，但库存比较低时，无论产业集中度是高还是低，现货价格下跌向期货价格修复的概率都比较大一些。因为高利润会迫使企业加大生产、提高供应量，即使供应量大大增加了，由于利润较高，也有降价的空间，所以产业客户在高利润的驱使下，会加速生产，从而导致未来供应增加，现货价格下跌，这也是卡特尔组织的不稳定性[①]。

这样一来，本书所介绍的交易系统又可以进一步完善，在补充了另外两种比较常见的情况下，交易者可以进行如下操作：

高库存＋深贴水＋低利润＋高集中度＝择机做多

---

① 卡特尔组织是指生产同类商品的企业为了垄断市场，获取高额利润而达成有关划分销售市场、规定产品产量、确定商品价格等方面的协议所形成的垄断性企业联合。

需要注意的是，基差修复行情并非必然发生，只能说在大概率情况下会出现基差修复行情。由于逼仓、交割制度的约束或者其他因素的影响，有时候在交割时，基差并未进行修复。如图 8-4 所示，逼仓分为多逼空和空逼多两种情况，当接货意愿远大于交货意愿时，空头受不了，这是多逼空；当交货意愿远大于接货意愿时，多头受不了，这叫空逼多。一旦发生逼仓的情况，基差必然会有所扭曲。如果接货意愿与交货意愿相当，那么就是正常交割，基差也会是正常水平。

低库存＋深贴水＋高利润＝观望或套利

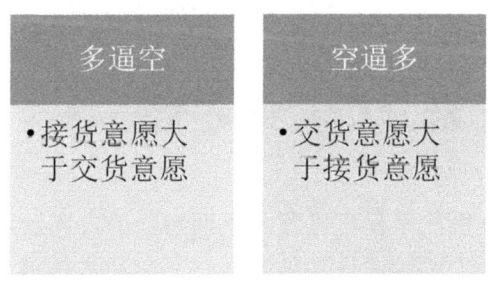

图 8-4　逼仓的两种情况

为了避免逼仓情况频繁发生，交易所对不同品种和不同类型的客户进行了限仓。此外，交易所会对各个期货品种进行交割制度上的规定，很多品种的仓单都有期转现的时间约束，这就导致了从交割仓库通过交割获得的货物，有时候无法再继续交割，一旦市场上没有可交割的货物，即使是供求失衡，也会导致期货和现货之间存在不合理的价差，如图 8-5 所示。

前面介绍了短期趋势的判断方法，那么交易者该如何利用平衡表分析与产业链分析相结合的方法来判断商品的长期趋势呢？想要判断一个品种的长期趋势虽然并非易事，但也并非不可能。

图 8-5 基差不进行修复的两个原因

从库存出发来分析长期趋势

利用平衡表分析法不仅可以预测短期趋势的方向，而且可以预测长期趋势的变化，而这一切都要从库存说起。在介绍供需平衡表时，我们了解到，库存既可以看作供给也可以看作需求，而且库存消费比往往预示着未来价格的重大变化。

如图 8-6 所示，如果说库存如蓄水池中的水，那么产量如同蓄水池的进水管，消费量如同蓄水池的出水管。当蓄水池很大、水很满时，进水管流速的变化就相对不重要了；当蓄水池很小、水很少时，进水管或出水管流速突变，往往会导致价格暴涨或暴跌。

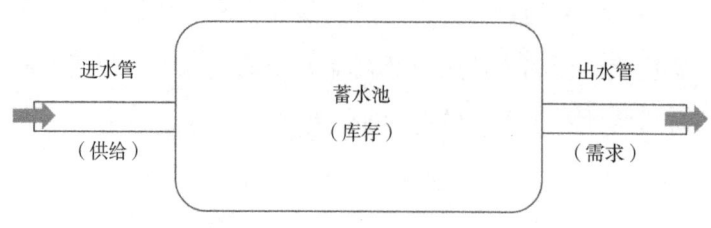

图 8-6 库存的蓄水池理论

进水管、蓄水池和出水管的组合就像是产业链的上游、中游和下游。当下游的需求非常旺盛时，说明出水管的水流速度非常快，那么蓄水池中的水就很容易被消耗，价格就容易上涨；相反，当上游供应特别充足时，说明进水管的水流速度特别快，那么蓄水池很快就会装满水，价格就容易下跌。

此外，价格的涨跌幅度大小还与库存的多少有关。如果库存本身相对产量或消费量来说比较多，那么上下游供需的变化，对价格造成的影响相对会小一些；如果库存本身相对产量或消费量来说比较少，那么上下游供需的变化，会对价格造成比较明显的影响。至于上下游具体如何分析，交易者需要深入了解相关的品种和产业，利用产业链分析法去详细研究。

在短期交易系统中，交易者利用"基差＋库存＋产业利润＋技术信号"的交易系统对邻近交割的主力合约进行短期交易，但是在长期趋势中，交易者选择的往往不是近月主力合约，而是远月次主力合约。对于中长期交易来说，由于利润空间相对巨大，技术分析的作用就显得不那么重要，此时，方向的判断和资金管理往往更加重要。

因此，交易者可以在短期交易系统的基础上，利用库存消费比的变化，总结出一套适合长期操作的交易系统：

次主力合约深贴水＋库存消费比低位＋产业利润低位＝做多＋资金管理

次主力合约高升水＋库存消费比高位＋产业利润高位＝做空＋资金管理

短期交易系统与长期交易系统有相似之处，其内在逻辑基本是相同的，区别在于短期交易系统操作的是近月主力合约，盈利空间相对较小，对于入场时机的要求更高一些；而长期交易系统操作的是远月次主力合约，盈利空间相对较大，对于入场时机的要求比较低，对于方向的判断和资金管理的要求更高一些，如图8-7所示。

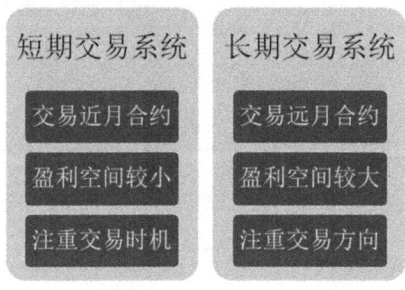

图8-7 短期交易系统与长期交易系统的区别

向期货大佬学习交易方法

期货交易者经常会听到这样一句话：看着现货做期货。如果一个交易者连现货都不关注，那么很难说他的期货交易已经入门。一些在期货交易中取得不错收益的交易者，往往都对现货比较熟悉，例如，期货大佬傅海棠、刘福厚[1]、林存福[2]等人。其中林存福有一套期货交易的数字口诀，其中一句是"看着现货炒期货，看着近月炒远月。远月价高我卖空，远月价低我买多"。

林存福把近月价格当作现货价格来看待，把远月价格当作期货价格来看待，若远月价格高于近月价格，则说明期货价格比现货价格高，即期货被高估了；若远月价格低于近月价格，则说明期货价格比现货价格低，即期货被低估了，然后远月会向近月来修复价差。由于交易者往往会对当下

---

[1] 刘福厚，内蒙古人，著名期货投资人，贸易商出身，擅长基本面分析，在期货市场获利颇丰，多次参加期货大赛获奖。
[2] 林存福，山东人，著名期货投资人，擅长基本面分析，总结出一套期货交易的数字定律，他把期货交易当作数字游戏。

的涨跌产生过于乐观或者悲观的情绪，从而导致对远月合约的预期产生错误的偏差，所以远月合约会逐渐向近月合约进行修复。

如果你对林存福的数字定律进行验证，会发现这套定律的确有一定的适用性，不过也存在一定的问题，交易者在使用中还需要注意一下。当笔者最初试图看着现货做期货时，学习了许多期货交易方法。除了林存福的数字定律外，刘福厚的交易方法也让笔者受益匪浅，他把期货与现货的关系进行分类讨论，然后根据不同的情况，采取不同的交易策略，如图 8-8 所示。

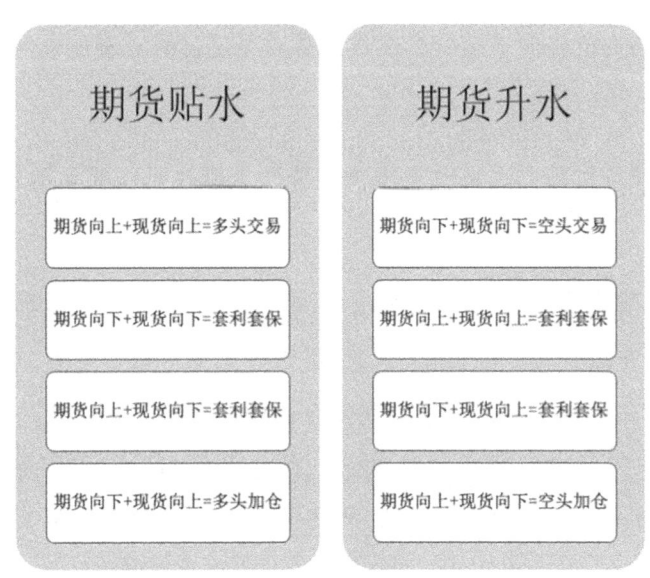

图 8-8　刘福厚的期货交易法

第一类情况，期货价格低于现货价格：

① 当期货价格向上运行、现货价格向上运行时，建立期货多头头寸；

② 当期货价格向下运行、现货价格向下运行时，避免单向操作，可做套利或套保；

③ 当期货价格向上运行、现货价格向下运行时，避免单向操作，可做

套利或套保；

④ 当期货价格向下运行、现货价格向上运行时，建立期货多头头寸，逢低加仓。

第二类情况，期货价格高于现货价格：

① 当期货价格向下运行、现货价格向下运行时，建立期货空头头寸；

② 当期货价格向上运行、现货价格向上运行时，避免单向操作，可做套利或套保；

③ 当期货价格向下运行、现货价格向上运行时，避免单向操作，可做套利或套保；

④ 当期货价格向上运行、现货价格向下运行时，建立期货空头头寸，逢高加仓。

刘福厚的这套方法更加完善，他把期货与现货的静止状态与运动状态结合起来，并进行了分类讨论，这样每一种交易策略都更容易理解。这套交易方法的核心在于利用基差作为安全边际，做多时，期货是贴水的，而且现货是向上运行的；做空时，期货是升水的，而且现货是向下运行的；其他情况采取套利或者套期保值的方法进行低风险交易。

最后，仅从基差一个角度去看现货的变化来判断期货未来的方向。笔者觉得这种方法往往会夸大基差的作用，而忽略其他同样非常重要的因素，所以在两位老师的方法上添加了库存与产业利润两个因素，总结出自己的交易方法，如图 8-9 所示。

第8章　如何利用基本面预测商品的价格趋势

> 高库存+高升水+高利润=择机做空
> 低库存+深贴水+低利润=择机做多
> 高库存+深贴水+高利润=择机正套
> 低库存+高升水+低利润=择机反套

图 8-9　期货交易方法

对于这套交易方法中的单边做空和做多的逻辑，笔者已经多次解释了，接下来我们需要了解一些套利的逻辑。在此之前，交易者需要理解什么是正向套利和反向套利。从跨期套利的角度来说，只有先拥有商品，才会有对商品的卖出处置权。人们可以通过生产、采购甚至借贷现货的方法来实现最终的卖出交割，这符合商品正常流向的近期买入、远期卖出的套利方式，我们称之为正向套利。同样，由于时间的不可逆性，我们无法让未来的拥有来满足现在的需要，所以期货市场中近期卖出、远期买入的套利方式，我们称之为反向套利。

从产业套利角度来讲，在产业套利当中，整个产业链分为原材料、产成品。产成品是由原材料生产和加工而来的，所以做多原材料做空产成品属于正向套利，反之，做空原材料、做多产成品属于反向套利。以最常见的大豆产业链来说，做多大豆、做空豆油或豆粕属于正向套利，而做空大豆、做多豆油或豆粕属于反向套利。

从跨市套利角度来讲，在跨市场套利中，正向套利的意思是做多国外，做空国内。之所以称之为正向套利，是因为中国是净进口国，净贸易流方向为从国外到国内。正向套利的实物逻辑在于进口贸易流，做多国外的同时做空国内，意味着从国外买入，再卖到国内，与贸易流方向一致。

既然已经理解了三种不同类型的正套与反套，如图 8-10 所示，再来解释上述交易方法中的正套和反套就比较容易理解了。由于近月合约的核心矛盾是基差修复，而远月合约的核心矛盾是预期作用。当期货处于高升水时，对近月合约而言基差修复起主导作用；而低利润和低库存预示着未来预期看好，所以采取反向套利，即空近月多远月。

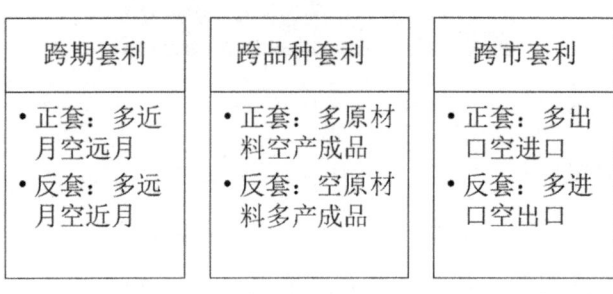

图 8-10　正向套利与反向套利

同理，当期货处于深度贴水时，近月合约的核心矛盾是基差修复，由于高库存和高利润不可持续，所以远月预期利润会降低，价格会下降。因此，采取了正向套利，即多近月空远月。由于同种商品具有同涨同跌的特性，所以在多数情况下，套利组合中一个是赚钱的，另一个是亏钱的，最终是否能获得利润取决于两个合约的综合收益。

需要注意的是，不同的市场结构及仓单有效期的规定对跨期套利具有非常重要的影响。在反向市场的情况下，选择做跨期正套更合适一些；而在正向市场的情况下，结合仓单有效期的规定，选择做跨期反套更合适一些。相比较而言，正向套利的风险要小于反向套利，因此建议交易者更多地参与正向套利。

可见，任何一个成功的交易者的方法都值得交易者去学习和借鉴，但需要进行批判性思考。笔者在学习这些老师的方法时，采取的是求同、求异、求合的过程。起初怀着谦逊的态度去学习，认同老师所说的方法，然后思考这种方法背后的逻辑，再反向思考这种方法存在哪些问题，即求异的过程，最后总结出自己的方法，这个时候就是在原来方法的基础上，融合自己的东西，即求合的过程。**作为一个富有思想的人，对自己的所见所闻如何回应，你必须要做出选择**。求同—求异—求合，就是交易者对所见所闻的反应过程。

当然，看着现货做期货远不是简单看一下基差、库存和利润这 3 个方面就行，虽然这些的确是核心因素，但是交易者还需要关注现货相关的产业链情况。这是一个积累的过程，做期货容易，但做好期货并不容易！

第 3 部分

何时做的问题——技术分析

通过技术分析，你只能得出当下是否满足买入或者卖出条件，而无法看到行情是延续还是反转。技术分析手段仅仅提供买卖信号，而无法判断行情的持续性。行情能否继续延续，在一定程度上需要看基本面是否发生了根本性的转变。在实际交易过程中，交易者需要学会正确地使用技术分析。

本部分主要强调技术分析在交易过程中的择时作用，介绍均线的作用、左侧交易与右侧交易、分型和背离技术，以及如何利用技术分析来寻找最佳的买卖时机，主要内容包括：

- 第 9 章 利用均线确定市场的多空方向
- 第 10 章 做一名右侧交易者
- 第 11 章 分型与背离技术的运用
- 第 12 章 如何利用技术分析寻找买卖时机

第 9 章

利用均线确定市场的多空方向

均线是一个趋势指标，其最大的特点在于稳定性，所以，均线主要用来确定多空方向，而非选择买卖点。小周期适合使用大的均线参数，大周期适合使用小的均线参数。

三种常见的移动平均线

均线是期货交易者使用最多的参考指标之一，有的交易者喜欢使用均线组合进行交易；有的喜欢化繁为简，使用两根均线打天下；还有的喜欢使用单根均线进行交易，线上只做多不做空，线下只做空不做多。无论如何使用均线，都是利用了均线的一个重要特点，那就是均线要比 K 线更加稳定。常用的均线主要有以下几种类型。

1. 简单移动平均线（SMA，Simple Moving Average）

这是绝大多数交易软件默认使用的均线，其计算方法比较简单，而且容易理解，以 N 日收盘价之和除以 N 就可以得到 SMA(N) 的值，它体现了 N 日内的一个稳定的趋势。SMA 的最大作用在于比较价格与均线的位置关系，但是在比较均价的趋势快慢时，由于其存在较大的滞后性，表现就相对差一些。简单移动平均线的计算公式如下：

$$MA = (C_1 + C_2 + \cdots + C_N)/N$$

其中，MA 为简单算术平均线，C 为当日收盘价，N 为移动平均数的周期。

2. 指数移动平均线（EMA，Exponential Moving Average）

很多专业的交易者更喜欢使用指数移动平均线 EMA，它跟 SMA 一样是趋势性指标，不同之处在于它是以指数递减的方式来计算价格的加权移动平均值。EMA 能够克服 SMA 的缺点，在比较均价的趋势快慢时，用 EMA 更加稳定、平滑。指数移动平均线的计算公式如下：

$$EMA(N) = \frac{2C}{N+1} + EMA(N-1) \times \frac{N-1}{N+1}$$

其中，EMA 为指数平滑移动平均线，C 为当日收盘价，N 为移动平均数的周期。

3. 简单加权移动平均线（WMA，Weighted Moving Average）

SMA 对所有日期的收盘价采取同等权重，显然这是不太合理的，当前价格受到最近的收盘价影响明显会大于远期收盘价的影响，加权移动平均线就是用来解决这个问题的，WMA 对离当前交易日比较近的收盘价赋予较高权重，离当前交易日比较远的收盘价赋予较低权重，从而使得均线对价格反应更加灵敏，克服了 SMA 反应滞后的问题。简单加权移动平均线的计算公式如下：

$$WMA(t) = \frac{C_t \times W_1 + C_{t-1} \times W_2 + \cdots + C_{t-N+1} \times W_N}{W_1 + W_2 + \cdots + W_N}$$

其中，WMA 为简单加权移动平均线，C 为当日收盘价，N 为移动平均数的周期，W 为权重比例，t 为距离当前的日期。

当然，除此之外还有其他一些均线的类型，这里不再详细介绍。每一种类型的均线都有自己的优缺点，一些交易者感觉选择均线很困难，也有的交易者迷失在如何设置均线的参数上，这些都是对均线的认识不够深刻导致的。

技术指标分为领先型指标和滞后型指标，领先型指标主要是震荡指标，通常用来指示价格的顶部或底部；滞后型指标主要是动量指标，通常用来指示趋势。震荡指标虽然及时，但不够稳定；动量指标虽然稳定，但存在滞后性，所以并没有完美的指标。

之所以把上述几种均线的计算公式列出来，是想提醒交易者，对于任何技术指标都需要了解其内在本质，如果一个交易者连某个指标如何计算都搞不清楚，那怎么敢直接拿来使用呢？绝大多数交易者不知道指标背后的计算原理，更搞不清楚指标的作用，这样使用指标未免有些过于盲目。

如何确定均线的参数

首先可以确定的是，**均线的作用在于定方向**。很多交易者都喜欢利用均线的金叉[①]和死叉[②]作为买卖点，这并不是一种很明智的操作方法。因为均线的优点是稳定，缺点是滞后，所以在使用均线的过程中，交易者要充分利用它的优点，避免它的缺点。如定方向就是利用均线稳定性的优点，而将均线金叉、死叉作为买卖点则是利用它滞后的缺点。

明确了均线的作用是确定交易方向，接下来需要考虑均线的参数设置

---

① 金叉是指短期均线从下向上穿过长期均线时形成的交叉点，金叉的出现往往意味着价格会上涨。
② 死叉是指短期均线从上向下穿过长期均线时形成的交叉点，死叉的出现往往意味着价格会下跌。

问题，因为，**参数的作用在于过滤噪声**。对于单根均线，交易者只需要考虑一个参数，就是移动平均数的周期；对于均线组合，交易者可能需要设置不同的周期数。

交易者在设置均线参数时，往往会有一些困惑。例如，当交易者选择以 5 日均线作为参考时，5 日均线之上做多，5 日均线之下做空，交易者经常会发现行情有时候只是稍微一跌破 5 日均线就立马继续向上，结果交易者的头寸被频繁止损出局。相反，当交易者选择以 30 日均线作为参考时，虽然出现虚假信号的概率小一些，频繁止损的情况相应也会少一些，但如果判断错误，往往会损失严重，如图 9-1 所示。

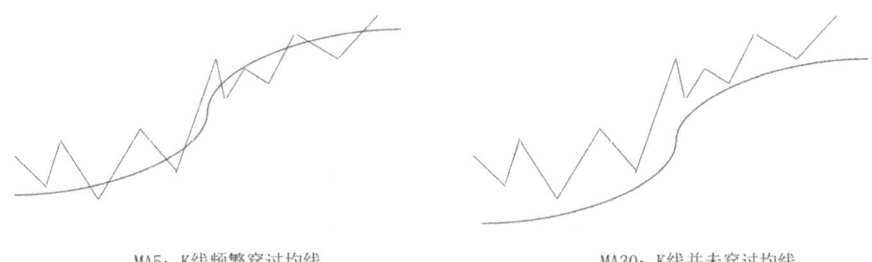

MA5：K线频繁穿过均线　　　　　　　　MA30：K线并未穿过均线

图 9-1　不同参数的均线过滤效果不同

市场上价格的波动无时无刻不受消息、资金和情绪的影响，从而使得 K 线与均线不断靠近或偏离，而参数的设置主要是作为过滤噪音的阈值，在这个范围之内的价格波动，就认为是市场噪声导致的，超过了这个阈值可以认为是价格的趋势造成的。如果参数设置得太小，就会导致频繁的止损；如果参数设置得太大，又会导致错过最佳的进出场时机。

所以，参数的选择取决于交易模型，是做中长线的大趋势，还是做短线的震荡交易。对于短线交易者来说，其交易系统往往经受不住过大的波动，因此适合选择较小的参数，这样交易的灵敏度会更高一些。对于长线交易者来说，交易系统需要过滤掉一些虚假信号，适合选择稍微大些的参数以过滤掉随机的震荡行情。

均线与周期如何配合使用

除了参数的选择让交易者头疼外,周期的选择同样会给交易者带来不少困惑。在实际交易的过程中,交易者往往会遇到这样的问题:从日线来看,商品是上涨趋势;从日内小时线来看,商品是下跌趋势;再从30分钟来看,商品又是上涨趋势。简单来说,同一个商品在不同周期内的趋势特征是不一样的。

对于这个问题,一些交易者给出的建议是参考大周期,理由是大周期决定了小周期的价格变化方向,小周期不过是在大周期的范围内进行波动。在大多数情况下,这种理解是正确的,但也有一个例外情况,就是缠论中所说的小转大的问题,即小周期与大周期的价格趋势相反,最终导致了大周期方向改变,就像量变引起质变一样。

关于均线与周期搭配最好的方法是:**小周期配合大参数**。喜欢做日内交易的朋友可以采用这种策略,例如,5分钟K线图与MA120的组合,利用MA120确定交易的方向,线上只做多不做空,线下只做空不做多,如图9-2所示。喜欢趋势的交易者可以采取"大周期+小参数"的策略,例如"日K+MA10"的组合,同样是利用MA10定方向,线上只做多不做空,线下只做空不做多。对于做中长线大趋势的交易者,在价格放量突破日线MA60时,通常都是明显的中长期进攻信号,所以交易者需要把握时机,选择突破跟随即可。

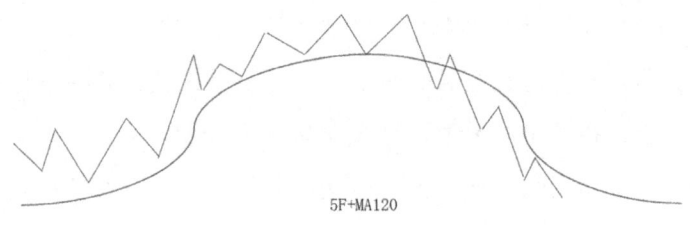

图9-2 小周期配合大参数的组合

需要注意的是，小周期如果配合较小的参数，交易会变得非常频繁，出现虚假信号的概率也非常大，起不到过滤的作用；大周期如果配合较大的参数，交易会变得非常滞后，虽然过滤掉很多虚假信号，但容易错过最佳的入场时机。所以最好的搭配组合是小周期配合大参数以及大周期配合小参数。

关于均线的误用，你知道吗

前面介绍了均线的作用在于确定交易方向，但并不代表均线所提供给交易者的方向就一定是正确的。均线只是给交易者制订一个规则，然后让交易者遵循这个规则去交易。然而，一些交易者在实际交易中往往会错误地使用均线。

最常见的误用就是把均线当作支撑位与阻力位。从均线的本质来说，它代表了过去一段时间内不同交易者的平均持仓成本的变化，并不能起到真正的支持作用或者阻力作用，任何关于均线可以起到支撑或阻力作用的说法都是一厢情愿的自我安慰。实际上，真正能够起到支撑作用和阻力作用的是K线的密集成交区，那里对应的价位才是支撑位与阻力位。

除此之外，还有一种常见的误用是：利用均线的金叉和死叉作为买卖的信号。从原则上来说，这并没有什么错误，但从实战角度来说，这个买卖信号并不理想，因为均线的稳定性导致了其给出的买卖信号一般比较滞后，容易使交易者错过最佳的入场和出场时机。

当交易者认识到如图 9-3 所示的利用均线的两种错误方法后，应该去思考均线的本质和意义。一些善于思考的交易者认识到均线的作用和意义后，提出了"两根均线打天下"的理论，进而发展为"一根均线打天下"，其核心就是利用了均线的稳定性，把均线作为一个判断交易方向的规则，然后依照这个规则进行交易。

错误一	错误二
• 利用均线作为支撑位与阻力位	• 利用均线作为买卖信号

图 9-3　利用均线的两种错误

第 10 章

做一名右侧交易者

左侧交易在于"赌",右侧交易在于"等";左侧交易有如逆水行舟,右侧交易有如顺势而为;左侧交易是在趋势形成前操作,右侧交易是在趋势形成后操作;左侧交易可用于"高抛低吸",右侧交易可用于"追涨杀跌"。可见,左侧交易和右侧交易适合不同风格的交易者。

两种交易风格:左侧交易与右侧交易

在期货交易中存在两种交易风格:左侧交易和右侧交易。左侧交易就是在趋势还未形成转变之前进行操作。换句话说,左侧交易就是赌市场见顶或者见底,这种交易风格的风险较大,但是成功了收益也很大。对于大多数交易者来说,右侧交易可能更好一些。右侧交易是在趋势形成之后进行操作,就是顺着市场的趋势来判断见顶还是见底,风险相对小一些,但容易错过一部分行情。

很多日内交易者更倾向于做左侧交易,而做中长期趋势的交易者更喜欢做右侧交易。左侧交易和右侧交易在操作风格上截然不同,它们的操作特点如图 10-1 所示。

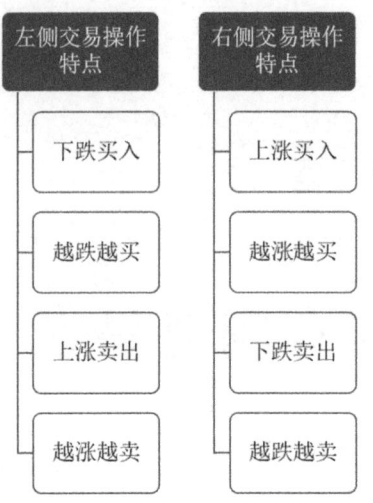

图10-1　左侧交易与右侧交易的操作特点

左侧交易是在价格下跌的过程中买入，俗称"越低越买"，其本质是在浮亏的基础上加仓。这种交易方法的好处是，价格稍微向上反弹一点，交易者就很容易把浮亏的部分赚回来，而最大的风险是价格持续下跌，交易者又没有充足的资金，就会因为资金管理不善出现爆仓。所以，采取左侧交易需要在历史价格低位进行做多操作，或者交易者有足够多的场外资金可以做到"越跌越买"。

右侧交易是在价格上涨的过程中买入，俗称"价格越涨越买"，其本质是在浮盈的基础上加仓。这种交易方法的好处是，当交易者把握住大趋势时，往往会获利丰厚，而最大的风险是，一旦价格进行回调，交易者往往面临着巨大的回撤风险，甚至由浮盈状态变成浮亏状态。所以，采取右侧交易需要注意加仓的时机与原则，避免增加的仓位超过初始头寸，最好的加仓时机通常是在行情刚经历过一段时间的调整之后。

交易风格与性格有关

适合左侧交易的人性格通常较为急躁，风格胆大激进。左侧交易者常用的三大策略：一是多看消息找盘感，二是技术分析能活用，三是操作纪律能遵守。在左侧交易实战中，有的交易者用"120日均线"作为判断依据，当价格突破120日均线时买入，跌破120日均线时卖出；有的交易者利用KDJ指标中的J值和远离5日均线作为买卖的判断依据。

适合右侧交易的人性格通常乐观隐忍，习惯顺势而为。右侧交易者常用跟随策略，依据一些辅助性的技术指标进行判断。适合右侧交易的技术指标有很多，这里主要介绍MA指标。

MA指标非常简单，这里做简要说明。均线的作用有四个：第一，支撑和压力；第二，指示方向；第三，在价格突破和跌破时做买卖参考；第四，在短周期均线上穿或下穿长周期均线时决定买卖。使用MA指标的关键有两点：第一，哪个周期最合适；第二，怎样组合最好。这两点需要根据交易者的资金状况与操作级别而定。交易者应在实际操作中积累经验，找到最适合自己操作级别的周期与均线组合。

左侧交易和右侧交易没有对错之分，只有适合或者不适合，还要看交易者的性格，如图10-2所示。笔者个人偏向于右侧交易，事实也证明，右侧交易的成功率远远高于左侧交易的成功率，对绝大多数交易者来说，右侧交易的风险也小于左侧交易的风险。

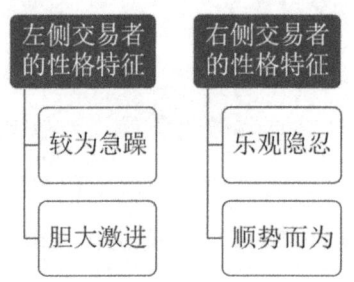

图 10-2　左侧交易者与右侧交易者的性格特征

做一名右侧交易者的三大理由

（1）右侧交易更加符合趋势追踪的交易理念。在股票市场中价值型投资或许是值得推崇的，在期货市场中趋势型投资更加值得推崇，因此绝大多数交易者都采取趋势追踪的交易理念。趋势追踪交易理念的一大特色就是当趋势形成突破时跟随，在一波上涨的趋势里，买入价格越高的头寸越安全，反之亦然。右侧交易的特点恰好符合趋势交易的本质，"即看势不看价"。

（2）右侧交易比左侧交易更加安全。左侧交易的一大特点是"摸顶抄底"，但绝大多数交易者都不可能有预知顶部和底部的能力，即使价格已经在高位或者低位，也依然有继续向上创新高或者向下创新低的可能性。在没有真正探明顶部和底部之前，大部分左侧交易都是"羊入虎口"，导致"割肉离场"，而右侧交易是在底部或顶部明确之后才进行交易。

右侧交易更适合个人投资者，左侧交易更适合机构投资者，如图 10-3 所示。由于机构投资者资金量相对较大，进出市场往往需要多次完成，采取左侧交易更符合他们的特点。个人投资者往往能灵活地进出市场，且在信息采集与研究能力上不如机构投资者，因此宜采用跟随趋势的策略，如

第 10 章 做一名右侧交易者

此，承担的不确定性风险更小一些。

交易者	• 机构投资者采取左侧交易 • 个人投资者采取右侧交易
思维方式	• 左侧交易是逆向思维 • 右侧交易是正向思维
操作方式	• 左侧交易会提前买进或卖出 • 右侧交易会在转势后买进或卖出
操作位置	• 左侧交易在顶部或底部的左侧 • 右侧交易在顶部或底部的右侧

图 10-3 选择右侧交易的原因及特点

第 11 章

分型与背离技术的运用

分型理论认为宇宙中的每个事物都遵循"最小阻力"原则，属于非线性理论。背离技术通过判断形态与动力是否相匹配来预测行情发展的趋势，背离技术用于逃顶比抄底更好一些。

神奇的分型理论

如果你听说过混沌理论或者缠论的话，那么或许你对分型这个概念不会陌生。混沌理论提出了上分型和下分型的概念及使用方法，缠论提出了顶分型和底分型的概念及使用方法。本书所提到的分型以缠论中的顶分型和底分型为主。

缠论中的顶分型是由相连的 3 根 K 线组成的，其中第 2 根 K 线的高点是 3 根 K 线中最高的，同时第 2 根 K 线的低点是 3 根 K 线低点中的最高点，其本质是行情上升后转折成下降趋势。底分型是由相连的 3 根 K 线组成，其中第 2 根 K 线的高点是 3 根 K 线高点中的最低点，同时第 2 根 K 线的低点也是 3 根 K 线低点中的最低点，其本质是行情下降后转折成上升趋势，如图 11-1 所示。

第 11 章 分型与背离技术的运用

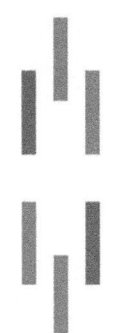

顶分型：
- 3根相连的K线不完全重合
- 第2根K线的低点是最高的低点
- 第2根K线的高点是最高的高点
- 第3根K线的低点越低，分型力度越强
- 顶分型预示着未来下跌

底分型：
- 3根相连的K线不完全重合
- 第2根K线的高点是最低的高点
- 第2根K线的低点是最低的低点
- 第3根K线高点越高，分型力度越强
- 底分型预示着未来上涨

图 11-1　顶分型和底分型示意图

需要注意的是，在实际交易过程中，交易者往往很难遇到标准的顶分型或底分型，因为 K 线之间往往存在重叠。因此，在判断顶分型和底分型之前，交易者需要对 K 线进行合并处理，在合并处理完成之后，得到标准的顶分型和底分型。在上涨趋势中，需要向上对 K 线进行合并；在下跌趋势中，需要向下对 K 线进行合并。

向上合并的原则是，以相邻两根 K 线的高点中的最高点作为合并 K 线的高点，以相邻两根 K 线的低点中的最高点作为合并 K 线的低点。向下合并的原则是，以相邻两根 K 线的高点中的最低点作为合并 K 线的高点，以相邻两根 K 线的低点中的最低点作为合并 K 线的低点，如图 11-2 所示。

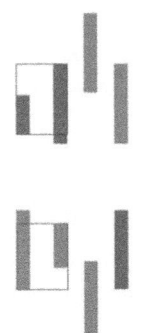

向上合并：
- 在上涨趋势中，选择向上合并
- 新K线的高点为相连两根K线的最高的高点
- 新K线的低点为相连两根K线的最高的低点

向下合并：
- 在下跌趋势中，选择向下合并
- 新K线的高点为相连两根K线的最低的高点
- 新K线的低点为相连两根K线的最低的低点

图 11-2　K 线合并示意图

有时候存在多根K线重合的情况，这时需要按照K线形成的时间先后顺序依次对两根K线进行合并，直到所有K线之间都不存在任何包含关系，然后利用合并之后的K线去寻找顶分型和底分型。

即使同为顶分型，其所体现出的转折力度也是不同的。同理，底分型也是如此。分型的力度越强烈，其代表的转折力度就越强烈。分型力度的大小主要取决于第3根K线的高度，第3根K线越高，分型的力度就越强。例如第3根K线的最高点超过了第1根K线的最高点的底分型，其力度就非常强，下跌转折效果就十分明显；第3根K线的最低点超过了第1根K线的最低点的顶分型，其力度也非常强，上涨转折效果很明显，如图 11-3 所示。

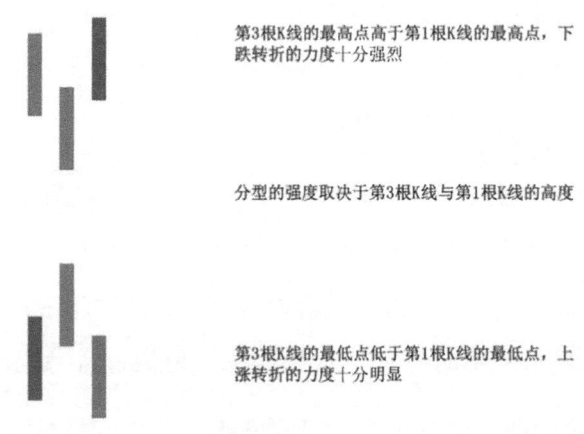

图 11-3　分型力度的说明

为什么使用分型技术而不是其他技术作为择时的参考呢？主要是因为分型理论属于非线性理论，这与期货市场的非线性结构是一致的。分型理论认为宇宙中的每个事物都遵循"最小阻力"原则，这与利弗莫尔所说的价格沿着最小阻力的方向运行是一致的。

当你打开 K 线图时，会发现一轮下跌的走势在突然遇到一个强烈的底分型时，行情由于"惯性"就会上涨。这就好比河水顺势而下，突然遇到一段河床结构改变的地方时，水流方向就会发生变化。在下跌过程中，底分型的作用就像是河床结构改变的地方，行情的发展方向会发生改变；在上涨过程中同理。需要注意的是，这种方向的改变是否持久，还需要进一步观察。

未卜先知的背离技术

是否存在一种低风险的交易方法，让交易者能够在价格接近趋势顶部时卖出，并在接近趋势底部时买入呢？答案是肯定的，确实有这么一种方法，那就是背离技术。相信有经验的交易者对于背离的概念并不陌生，然而，背离也分两种情况：**一种是基本面与技术面的背离，另一种是价格与指标的背离**，如图 11-4 所示。

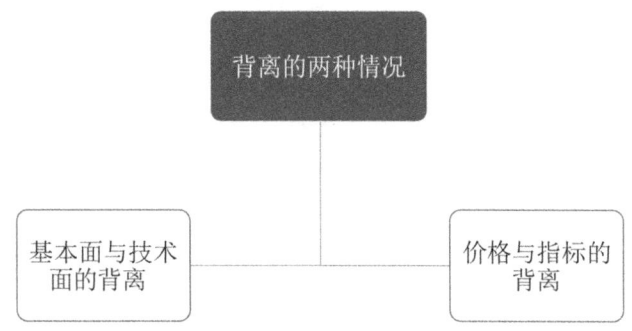

图 11-4　背离的两种情况

所谓基本面与技术面的背离，就是基本面偏空而技术面上涨，或者是基本面偏多而技术面下跌。在这种情况下，交易者尽量不要参与，至少不要采取单边投资的策略参与。细心的交易者会发现，在行情上涨的时候，要选择做多低库存且期货深度贴水的品种，而不是高库存且期货大幅升水的品种，因为前者是基本面与技术面发生共振，而后者是基本面与技术面发生背离。本书所介绍的这种交易方法的潜在思想包含安全边际的思维。

所谓价格与指标的背离，就是K线价格形态创出新高或者新低，而对应的技术指标并没有创出新高或者新低。这是大多数技术交易者在实战中经常使用的交易方法，K线形态反映了价格趋势，技术指标反映了动力趋势。价格创新高或者新低，反映了价格趋势的变化；而技术指标不创新高或新低，反映了继续上涨或下跌的动能衰竭。由于价格继续保持原来发展趋势的动能衰竭，说明行情反转的概率比较大。

价格与指标的背离分为顶背离和底背离，顶背离是指在K线形态中价格不断创出新高，而对应的技术指标并没有创出新高。这说明虽然价格继续上涨创出新高，但是支持价格继续上涨的动能已经衰竭，行情需要进入调整阶段。所以当顶背离出现时，价格通常会下跌，如图11-5所示。

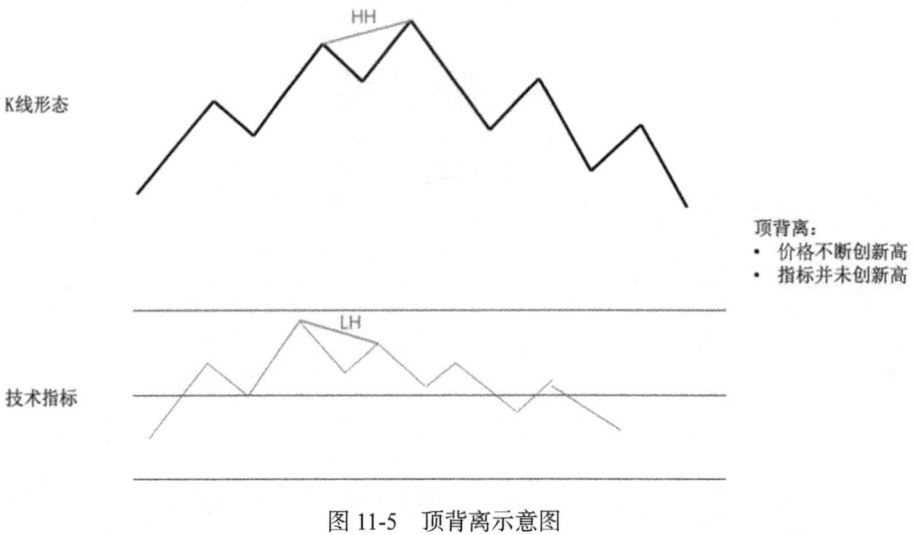

图11-5 顶背离示意图

与顶背离相反，底背离是指在K线形态中价格不断创出新低，而对应的技术指标并没有创出新低。这说明虽然价格不断下跌创出新低，但是支持价格不断下跌的动能已经衰竭,行情需要进入调整阶段。所以当底背离出现时,价格通常情况下会开始反弹,如图 11-6 所示。

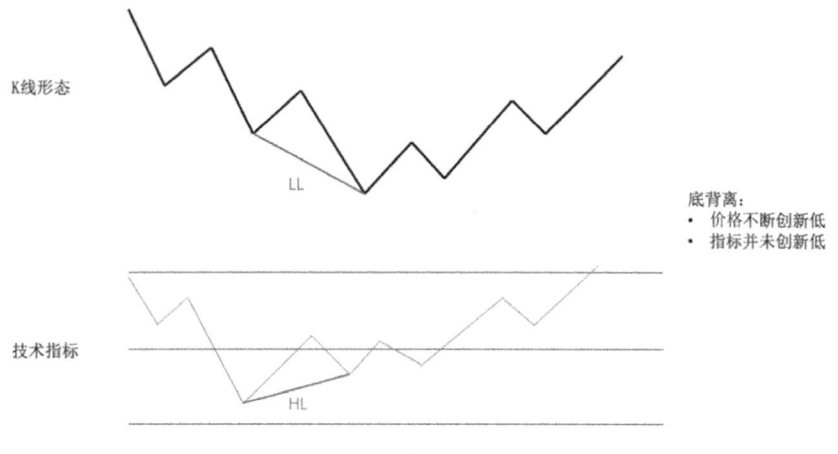

图 11-6　底背离示意图

既然了解了顶背离与底背离,那么交易者应选择什么样的技术指标呢?交易者可以使用 RSI、MACD、随机指标、CCI 指标等。如果价格高点不断抬高,震荡指标也应该不断走高;相反,如果价格低点不断走低,震荡指标也应该持续下跌。如果价格和震荡指标走势不一致,且价格和指标走势出现分化,就会出现背离情况。

以上所述都是一些常规背离,其实还存在隐藏背离的情况,就是不太容易被发现。如图 11-7 所示,价格二次探底但是不创新低,而指标却创了新低,这就属于隐藏底背离的情况。当出现隐藏底背离的情况时,行情发生反转的概率比较大。

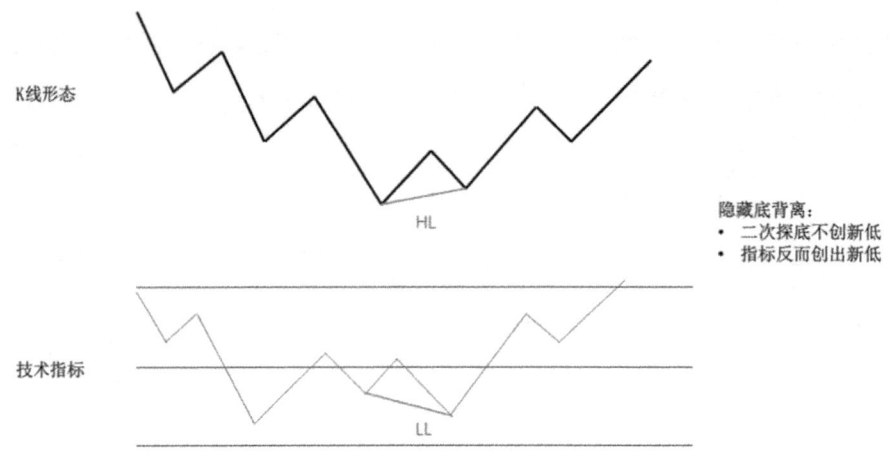

图 11-7 隐藏底背离示意图

如图 11-8 所示,当价格二次上升,但是不创新高时,指标却创出了新高,这属于隐藏顶背离的情况。当出现隐藏顶背离的情况时,行情发生反转的概率也比较大。

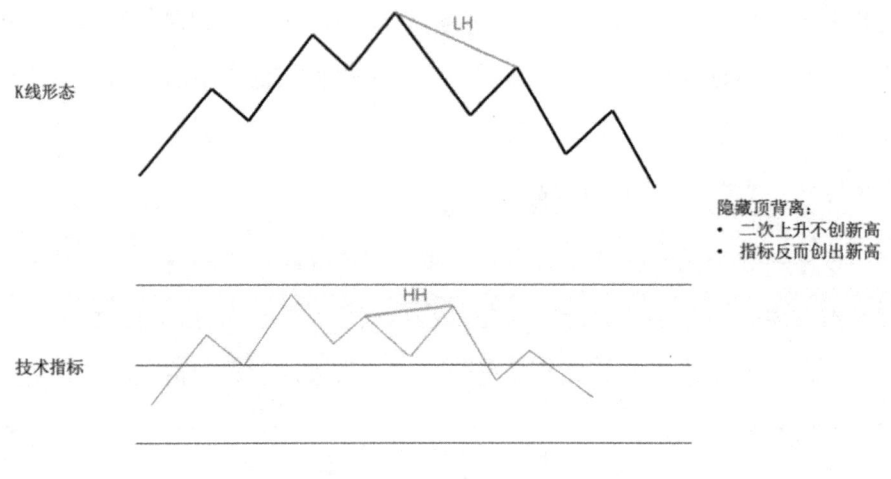

图 11-8 隐藏顶背离示意图

在使用背离技术时,尽量不要利用顶背离或者底背离作为入场信号,而要利用背离技术作为减仓或者平仓离场的一种技术辅助。因为背离技术不是万能的,它同样存在一定的缺陷。

分型与背离技巧的注意事项

分型和背离看似非常值得交易者信赖的两个技术手段，但在使用它们的过程中同样存在一些问题需要交易者注意，否则不但不能帮助交易者，反而可能给交易者造成不必要的困扰。

在使用分型时有两点需要注意。第一，分型力度的强弱。力度越强的分型对原始趋势的反抗程度越强烈，那么趋势反转的可能性也就越大，反之亦然。第二，不同级别的分型的强弱不同。在分型形态一致的情况下，大周期的分型力度要强于小周期的分型力度。

在使用背离技术时同样有两点需要注意。第一，背离之后可能发生指标钝化。经验丰富的交易者可能会发现，当某个品种出现了非常明显的趋势性行情时，通常会发生背离，并继续背离好长时间，这就是指标钝化导致的。第二，背离作为减仓或平仓指标的效果更好。为了避免指标钝化给交易者带来亏损，在利用背离技术时，最好将背离作为减仓或平仓的辅助手段，而不要用作入场"摸顶抄底"的技术手段。

除了需要注意以上事项外（如图 11-9 所示），交易者在实际交易过程中，也可以将分型和背离技术结合起来使用，利用指标共振来提高趋势判断的准确性。这在本书后面的内容中会继续介绍。

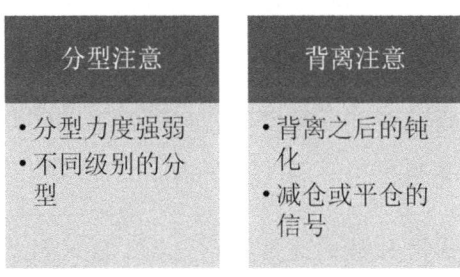

图 11-9 分型和背离的注意事项

第 12 章

如何利用技术分析寻找买卖时机

基本面分析作用于品种策略,技术分析作用于信号策略。基于分型理论与背离理论的信号分为弱分型开仓、强分型开仓、弱分型与背离共振开仓、强分型与背离共振开仓四种信号。

分型与背离的进一步解读

基本面分析的作用在于对品种的选择,技术分析的作用在于对时机的把握。在前面的内容中,我们了解到均线的作用在于定方向,因此,交易者在选择买卖时机的时候,依然需要顺着均线的方向进行开仓。

在介绍如何利用技术分析寻找买卖时机之前,我们有必要再次强调一下分型与背离的相关概念。

- 弱分型:第 3 根 K 线的高度不超过第 1 根 K 线高度的一半。
- 强分型:第 3 根 K 线的高度超过第 1 根 K 线的高度。

- 顶背离：价格创新高，技术指标并没有创新高。

- 底背离：价格创新低，技术指标并没有创新低。

理论上，交易者可以单独使用分型理论或者背离技术进行择时入场。由于分型直接体现在价格形态上，所以可以单独作为进场或出场信号，不会存在时间上的过早或者过迟情况。相反，背离针对的不是 K 线的价格形态，而是技术指标，可能存在一定的滞后性，所以单独利用背离技术作为入场信号并不是一个好的选择，通常结合分型一起使用。由此，我们可以简单总结出以下四种常见的择时交易信号：

- 弱分型开仓信号

- 强分型开仓信号

- 弱分型与背离共振开仓信号

- 强分型与背离共振开仓信号

在接下来的内容当中，我们将对上述四种交易信号进行更加详细的介绍。根据不同类型的信号，交易者开仓的数量并不完全相同，需要根据信号的强弱选择不同的开仓比例。

基于分型开仓的两种信号

信号1：弱分型开仓

如果当前的价格依然处于交易者所设置的均线之上，则说明依然处于多头行情，在均线之上出现了较弱的底分型，如果第 3 根 K 线的最高点不及第 1 根 K 线的中点，则可以选择**少量开仓**介入做多。相反，如果当前的价格依然处于交易者所设置的均线之下，则说明依然处于空头行情，在均线之下出现了较弱的顶分型，如果第 3 根 K 线的最低点不到第 1 根 K 线高度的一半,则可以选择**少量开仓**介入做空,如图 12-1 所示。

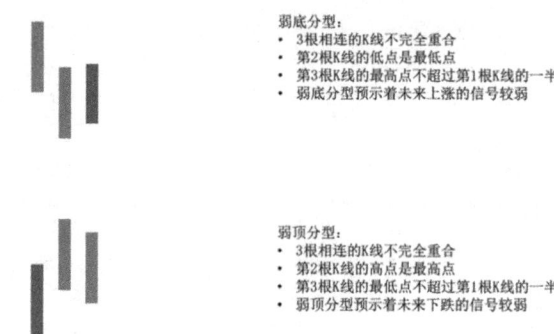

图 12-1　弱分型开仓示意图

信号2:强分型开仓

如果当前的价格依然处于交易者所设置的均线之上,则说明依然处于多头行情,在均线之上出现了较强的底分型,如果第 3 根 K 线的最高点超过第 1 根 K 线的最高点,则可以选择**适量开仓**介入做多。相反,如果当前的价格依然处于交易者所设置的均线之下,则说明依然处于空头行情,在均线之下出现了较强的顶分型,如果第 3 根 K 线的最低点低于第 1 根 K 线的最低点,则可以选择**适量开仓**介入做空,如图 12-2 所示。

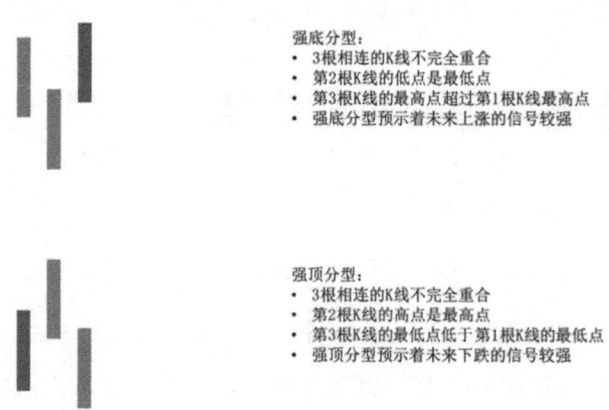

图 12-2　强分型开仓示意图

分型与背离共振的开仓信号

信号3：弱分型与背离共振开仓

如果当前的价格依然处于交易者所设置的均线之上，则说明依然处于多头行情，在均线之上出现了较弱的底分型，如果第3根K线的最高点不及第1根K线的中点，与此同时所选择的技术指标出现了底背离，则可以选择**适量开仓**介入做多（如图12-3所示）。相反，如果当前的价格依然处于交易者所设置的均线之下，则说明依然处于空头行情，在均线之下出现了较弱的顶分型，如果第3根K线的最低点不及第1根K线的中点，与此同时所选择的技术指标出现了顶背离，则可以选择**适量开仓**介入做空。

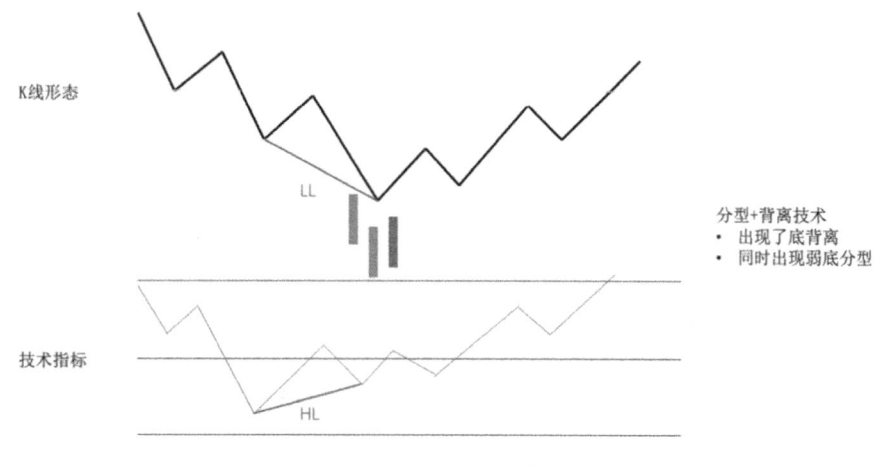

图12-3 弱分型与背离共振开仓

信号4：强分型与背离共振开仓

如果当前的价格依然处于交易者所设置的均线之上，则说明依然处于多头行情，在均线之上出现了较强的底分型，如果第3根K线的最高点超过第1根K线的高点，与此同时所选择的技术指标出现了底背离，则可以选择**大量开仓**介入做多（如图12-4所示）。相反，如果当前的价格依然处于交易者所设置的均线之下，则说明依然处于空头行情，在均线之下出现了较强的顶分型，如果第 3 根 K 线的最低点不超过第 1 根 K 线的低点，与此同时所选择的技术指标出现了顶背离，则可以选择**大量开仓**介入做空。

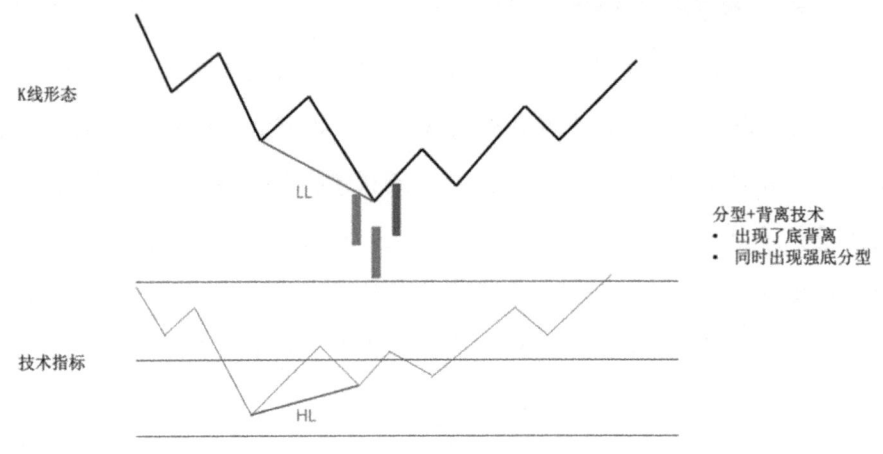

图 12-4　强分型与背离共振开仓

需要注意的是，开仓的数量与技术信号的准确性相关，技术信号越强烈，开仓的比例越高，技术信号越弱，开仓的比例越低。在上述四个信号中，弱分型的技术信号是最弱的，强分型和弱分型与背离技术共振所产生的技术信号近似，信号强度要好于单纯的弱分型，强分型与背离技术共振所产生的技术信号是最强的。所以，对于从弱分型到强分型与背离技术共振的不同的交易信号，要有不同的开仓比例，从少量开仓、适量开仓到大量开仓，开仓比例是逐步增加的。

第 4 部分

做多少的问题——资金管理

该部分主要强调了资金管理在交易过程中的重要性，介绍了资金管理的几个重要原则，以及如何进行加仓与止损，同时介绍了两个比较著名的资金管理策略，最后帮助交易者建立属于自己的资金管理系统。主要内容包括：

- 第 13 章 资金管理的三个重要原则
- 第 14 章 加仓与止损都双刃剑
- 第 15 章 两种常见的资金管理策略
- 第 16 章 如何制订属于自己的资金管理策略

第 13 章

资金管理的三个重要原则

资金管理在交易中具有一票否决权,好的资金管理能够让交易者在交易中立于不败之地,坏的资金管理往往使交易者失去理智甚至做出糟糕的交易决策。交易者在交易过程中应尽量采用程序化的资金管理原则,同时不要让自己的盈利单变成亏损单,最后一定要记得盈利出金,转入银行账户的钱才是你的钱!

一个魔术师的交易故事

说起资金管理,相信没有一个交易者会怀疑它的重要性。当然,大家听得最多的可能是凯利公式,根据该公式可以计算出赌局游戏中应投注的资金比例。当然,除可以将长期增长率最大化外,凯利公式不允许在任何赌局中有失去全部现有资金的可能,因此有不存在破产可能的优点。其计算公式如下:

$$f^* = \frac{bp - q}{b} = \frac{p(b + 1) - 1}{b}$$

其中,f^* 为现有资金应当进行下次投注的最佳比例,b 代表赔率,p 代表成功的概率，q代表失败的概率。

凯利公式在投资界被巴菲特、查理·芒格以及比尔·格罗斯这样的大佬引用过无数次，可见这个公式在风险管理和仓位控制上的确非常有用。

借鉴凯利公式的思想，交易者在交易过程中也需要通过判断成功的概率来合理确定每次开仓的比例，调节交易的盈亏比，从而实现盈利。让我们通过一个故事来了解如何通过资金管理实现交易获利。

美国有一位著名的魔术师非常擅长投机，每次都通过抛硬币的方式决定是做多还是做空：**如果硬币数字面向上，他就选择做多；如果硬币图案面向上，他就选择做空**。但是每次做多和做空时，他并不是马上去下单，而是先观察市场，等待机会，然后择机介入。这位魔术师就是靠着这种方式进行操作，一年下来资金翻了一倍。是他运气好吗？并不是，而是因为他非常善于管理资金，盈亏比控制得非常好。

假设行情多空的概率均为50%，那么这位魔术师每次开仓的成功率均为50%，而高盈亏比决定了他的这套交易系统拥有正的期望值，一年下来，他坚持操作，获利是正常的。当然，资金管理不仅仅涉及盈亏比一个方面，**这位魔术师能够在不分析行情的情况下，仅靠良好的资金管理，就实现了巨额收益，绝对是一个资金管理大师！**

从上面的这个故事可以看出资金管理在期货交易中的重要性，即使一个交易者连续数次满仓交易都赚钱，但只要有一次交易失败，其账户就会被清零，可见资金管理在期货交易中具有一票否决权。因此交易者想要在期货市场中立足，必须具备良好的资金管理能力。

建立程序化资金管理原则

绝大多数交易者都喜欢研判支撑位与压力位进行止损,但你会发现,很多时候市场会在压力位或者支撑位猛然突破一下,然后瞬间恢复正常,似乎专门为了把那些以支撑位和压力位作为止损线的交易者扫出市场,而这些交易者平仓之后,往往不敢再继续参与接下来的交易了。

西方的一些职业交易员更加喜欢程序化的资金管理模式,这是因为支撑位与压力位的判断难以量化,不同交易周期的压力位与支撑位不同,即使在同一周期内不同交易者对压力位与支撑位的判断也不同,所以西方的一些顶级交易者通常选择容易量化的程序化资金管理方法。阅读过《海龟交易法则》[①]的交易者都知道,海龟交易系统采用的是 ATR 止损法。

正如亚历山大·埃尔德[②]所说的那样,市场淘汰交易者的方式有两种。如果你的本金是你的生命,市场可能会像鲨鱼一样一口把它吞掉,只一次惨重的损失就可以把你淘汰出局。市场也可能会像食人鱼一样一口一口地把你咬死,每一口可能都不致命,但一直咬下去就会使你变成一堆白骨。所以 2%的止损法则是用来防范鲨鱼的,6%的止损法则是用来防范食人鱼的,如图 13-1 所示。

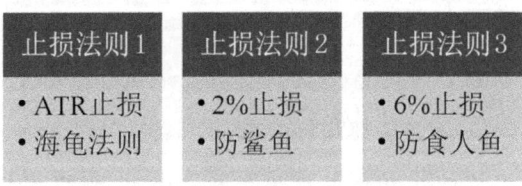

图 13-1 几种常见的止损法则

---

① 《海龟交易法则》一书的作者是柯蒂斯·费思,全书主要讲述海龟交易系统。按照海龟交易系统进行交易,能使交易者更容易地进行一致性的、成功的交易,因为它没有给交易员的判断力留下重要的决策任务。
② 亚历山大·埃尔德是《以交易为生》一书的作者,是三重滤网交易系统发明人。

通过研究其他交易者的资金管理方法，你会发现，绝大多数经典投资学都谈到过2%的止损法则，这主要是基于国外交易者对交易这件事的理解。2%法则是账户资金风险管理原则，也就是说任何单次风险额度必须小于账户资金总额的2%。假设投资方法是大概率胜算，单次风险是2%，单次收益是4%~6%，就这样把预期风险和预期收益全部打碎，通过多次重复的交易方式，让投资方法的平均概率有机会得以体现，积小胜为大胜，这是西方交易者所理解的交易真谛。

至于2%这个数字的由来，就要追溯到凯利公式了，它是根据凯利公式进行计算和推导的结果。交易者发现，每次亏损不超过账户资金总额的2%时，对交易者账户的影响是最小的，否则交易者亏损得越多，想让账户资金恢复到最初水平就需要越高的盈利水平，难度会进一步加大。当然，交易者需要学习这种资金管理的思维，而不是机械地记住2%，不同的交易者根据自身的情况去设定亏损比例即可。

不要让你的盈利单变成亏损单

正所谓"无根浮盈空欢喜，竹篮打水一场空"，很多交易者在盘中或多或少有一些浮盈，然而到了平仓的时候变成了亏损。这就是由于未能正确理解截断亏损、让利润奔跑的原则，交易者在让利润奔跑的过程中，总是让自己的盈利单变成亏损单，这样一来，交易者往往很难在交易中获利。因此，交易者一定要保护好自己的利润，不要让自己的盈利单变成亏损单。

假设在一波上涨的走势开启时，价格创出新高 H_1，然后进行回调，当回调的低点 L_2 高于上涨起始的低点 L_1 时，交易者在 P 处开仓做多，假设开仓数量为 Q_1，止损价格设在 L_2 稍微向下一点点，这里假设止损也设在 L_2。那么未来行情的发展理论上有三种可能：第一种是开启第二波上涨创出价格新高，即 $H_2>H_1$；第二种是第二波上涨和前一波上涨的高度相同，即 $H_2=H_1$；第三种是第二波上涨的高度不如第一波，即 $H_2<H_1$（如图13-2所示）。

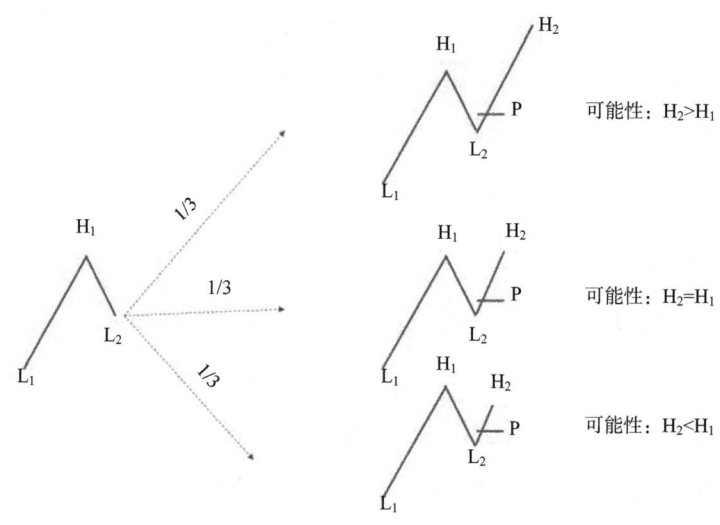

图13-2　行情发展的三种可能

无论你采用的是什么技术分析手段，对于行情究竟会是哪种情况多有把握，行情依然充满了不确定性，交易者关心的是如何确保这笔交易至少不亏钱。那么，交易者在 H_2 确认的时候就要进行减仓处理，之所以选择减仓，而不是平仓，是因为交易者们不确定新的一波下跌会不会创出价格新低。如果价格创出新低，交易者可能就会止损出局了；如果不创新低，交易者可以选择加仓，也可以继续观察。那么为了确保这一单即使止损出局也不亏钱，交易者需要减仓多少呢？

上述交易方法采取的是右侧交易，之所以选择在 P 处开仓，而不是在 L_2 左侧开仓，是由右侧交易的特点决定的，也是因为交易者选择了趋势跟随的交易策略（交易者不允许自己的盈利单变成亏损单，这也是资金管理中一个经常使用的概念）。那么，从 L_2 到 H_2 的这一波上涨走势中，交易者

开仓数量为 Q_1，账面浮盈为 $(H_2-P) \times Q_1$。

然而，这并不是交易者实际获得的利润。假设交易者选择平仓数量为 m，那么交易者实际兑现的利润为 $(H_2-P) \times m$（这里不考虑交易手续费）。这样一来，交易者剩下的仓位为 (Q_1-m)，这部分仓位预期亏损为 $(Q_1-m) \times (P-L_2)$。要想确保这波行情下来至少不亏钱，必须使得 $(H_2-P) \times m = (Q_1-m) \times (P-L_2)$，然后计算出 m 的值就可以了。

为了让交易者更加直观地了解上述思想，这里通过一个具体的实例来解释一下。假设 $P=90$，$H_2=100$，$Q_1=10$，$L_2=80$，那么，$10 \times m = (10-m) \times 10$，最终得出 $m=5$，即交易者需要减仓 5 手。理论上是这样计算的，但现实中并不可行，主要是由于行情不会给交易者足够的时间去计算，另一方面就是关于 L 与 H 的判断需要一定的技术分析。

那么如何判断顶部 H 和底部 L 呢？并没有百分之百准确判断的方法，交易者可以使用形态学与动力学的方法进行判断，即 K 线形态与技术指标的配合。当 K 线形态出现了顶分型，与此同时，技术指标上出现了顶背离时，那么可以认定 H 基本出现了，需要进行减仓处理；相反，当 K 线形态出现了明显的底分型，同时，技术指标上出现了底背离时，那么可以认为 L 基本出现了，需要准备入场，如图 13-3 所示。

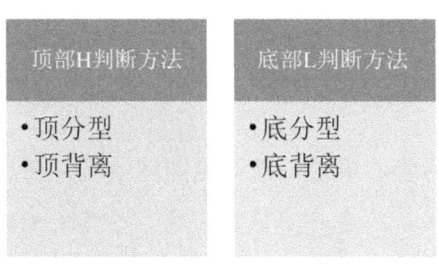

图 13-3 顶部与底部的判断方法

当然，交易者除了可以使用分型外，还可以使用其他方法进行判断，如均线指标。分型的稳定性不如均线，但是依赖均线往往会错过一段行情，交易者可以自行选择。利用均线的"金叉""死叉"，配合技术形态的顶背离和底背离来判断顶部 H 和底部 L 准确性也非常高。至于技术指标的选择，各人偏好不同，因人而异，只要你能理解其背后的原理就可以了。例如，你可以使用 MACD 或者 RSI 的背离来进行辅助判断。

此外，需要注意的是，当你获得一定的盈利后，需要进行移动止损。当行情从 H_2 下跌到 L_3，而 $L_3>L_2$ 时，在新的一轮上涨过程中，交易者需要将止损线从 L_2 移动到 L_3，同时可以考虑在 L_3 右侧的 P 处进行补仓，然后按照同样的方法进行资金管理。

前面介绍了具体应该如何避免盈利单变成亏损单的方法和交易中的一些小技巧，至于减仓和平仓的原则及大的战略方法，在本书的其他章节会进行详细介绍。

没有出金的交易是失败的交易

绝大多数交易者都没有一个良好的习惯——盈利出金。这就跟赌场经营者一样，不怕你赢钱，就怕你赢钱之后不玩了，只要你一直在赌场里玩，总有一天你口袋里的钱会输掉，很少有赌徒最终能够从赌场全身而退。无论是期货交易者还是期货投机者，与赌徒的区别就在于是否能做到盈利出金。

期货交易是交易者的事业，而不是赌博游戏，所以交易者应该认真对待交易。为了让期货交易事业能长期持续，交易者需要学会对资产进行有效配置。除了将部分资金用于期货交易投机获取更高收益外，也要保留日常生活需要花费的钱，还要保留一些钱来应对可能发生的意外事件，最好不要把所有的投资资金都投入期货等高风险的领域，而需要配置一些低风险的保值、增值品种，如图13-4所示。

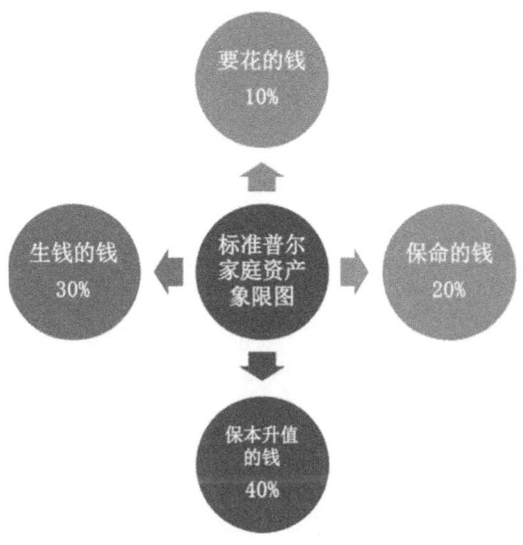

图13-4　标准普尔家庭资产象限图

最值得佩服的不是那些一夜暴富的期货明星，也不是多年驰骋沙场的期货大佬，而是在期货市场赚了大钱转身就走的激流勇退之人。所以，交易者在获得盈利之后一定要出金，建议交易者把纯收益的50%从期货账户中转出来，然后投入其他低风险、低收益的资产项目中，让你的这部分资产稳定地保值、增值，万一你的期货交易遭遇不顺，起码还有一部分场外资金来保障你的正常生活，甚至给你一次翻身的机会。

第 14 章

加仓与止损都是双刃剑

加仓的三个重要策略：浮盈加仓、金字塔加仓、回调加仓。减仓的两个重要策略：倒金字塔减仓、左侧与右侧兼顾减仓。止损的两个重要策略：方向止损、时机止损。

加仓是绝大多数交易者都会采取的策略，因为当上涨趋势来临时，选择加仓会让交易者获得巨大收益。但如果加仓不当，会起到截然相反的效果，尤其是新手在交易过程中进行加仓，效果往往适得其反，本来盈利的单子加仓之后亏损、交易者最终选择止损离场的情况太常见了。当然，尽管我并不赞成绝大多数交易者进行加仓，但对于想要赚大钱的交易者，还需要了解一下加仓的三种策略与原理，如图 14-1 所示。

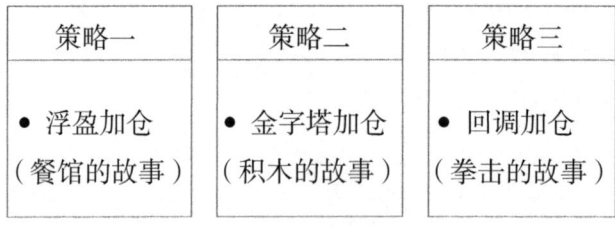

图 14-1　三种加仓策略与原理

三种加仓策略及逻辑依据

加仓策略一：浮盈加仓

交易者需要随着当前仓位状况修正自己的风险偏好。面对亏损头寸时，交易者需要转变为一个风险厌恶者，坚决止损；面对盈利头寸时，交易者需要转变为一个风险偏好者，适度加仓。

背后的逻辑：我们可以通过生活中的一个现象来理解这个策略。当你经营一家快餐店时，如果亏损非常严重，你会觉得开快餐店不赚钱，你不会开第二家，以免让自己面临更大的亏损。相反，当第一家快餐店赚了好多钱时，你会认为这是个不错的买卖，会扩大规模选择开第二家店，多赚一些钱。

生活中的这种现象对交易者的启示就是：浮盈加仓，浮亏不加仓。浮亏说明市场并没有证明我们对行情的判断是正确的。在浮盈状态下加仓，一方面市场已经验证了我们对行情的判断，另一方面也符合我们对风险的偏好。

加仓策略二：金字塔加仓

金字塔加仓是绝大多数交易者采用的一种加仓策略，它要求加仓的数量少于底仓的数量，从而使新加仓的数量比前一次加仓的数量少。各次加仓的数量用结构图来表现就像金字塔，因此而得名。

背后的逻辑：小时候玩搭积木的游戏时，我们会发现，当下面搭得特别宽，上面越来越窄，呈金字塔形状时，稳定性非常高，即使上面的积木不小心被碰掉了，也不会导致整体倒掉。加仓也是同样的道理，交易者不能让后面加的一次仓位影响了整体的仓位情况，尤其是在你取得一定优势的情况下，更不能让后面一次小的失误导致全局交易的失败，所以交易者的加仓策略应符合金字塔原理，如图 14-2 所示。

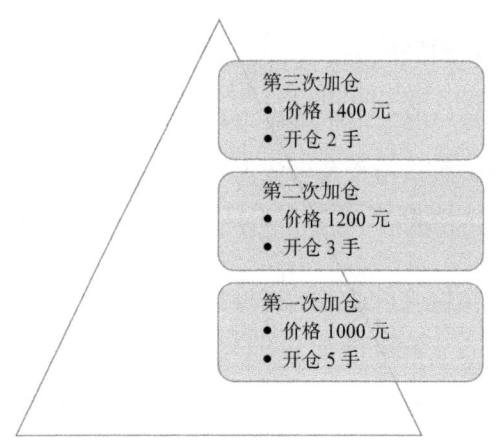

图 14-2　金字塔加仓策略示意图

加仓策略三：回调加仓

浮盈加仓的核心思想并不是让交易者故意提高自己的建仓成本，而是确认了趋势后再加仓。因此，当交易者方向判断正确需要加仓时，并不是有了浮盈就立即加仓，而是在上涨趋势回调，风险已在一定程度上进行了释放后，再进行加仓，因为买在"暴风雨"之后更安全。当然，行情的调整不一定是下跌，也有可能是横盘，这里的回调加仓包括横盘调整将风险释放之后的加仓，如图 14-3 所示。

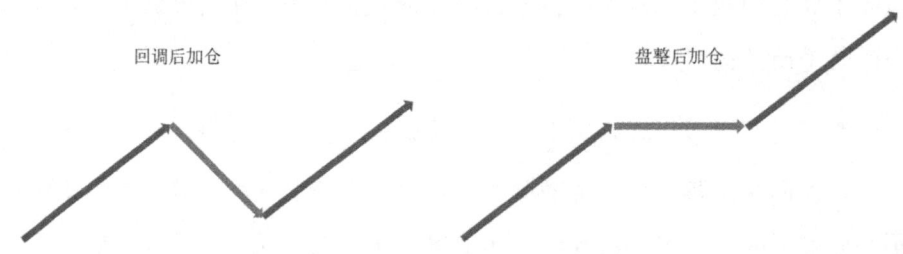

图 14-3　回调加仓的两种情况

背后的逻辑：在看拳击比赛的时候，观众都知道拳头只有先收回来才能够打得更有力。交易也是如此，暴涨或者暴跌之后必有回调或盘整，然后才会继续开启新一轮的行情。倘若没有经过回调就继续展开行情，就像拳击手没有收回来拳头就继续去攻击对方，力量可能不够大。

绝大多数交易者在加仓的过程中，往往忽略了一个重要的问题，即保持风险的一致性。举例来说，当某个商品的价格在 5000 元/吨时，你选择入场做多 10 手，止损价位定在 4950 元/吨，止损区间定为 50 个点，假设每手对应 10 吨货物，那么你的初始风险是 10×10×50=5000 元。

当价格涨到 5100 元/吨时，你选择浮盈加仓的策略，依然加仓 10 手，此时我们需要将止损价格设置到 5050 元/吨，这样我们最初的 10 手头寸没有任何风险，在 5100 元/吨加仓的 10 手头寸，止损价位也是在 5050 元/吨，止损区间依然为 50 个点，风险依然保持为 5000 元。

很多交易者在加仓后，并没有对止损价位进行相应的调整，从而导致止损区间过大或过小，未能够贯彻风险一致性的原则。正确的加仓理念是：在保持风险不变的前提下，不断增加你的持仓头寸。如果放弃了保持风险不变的前提，那么你的加仓很可能让你损失惨重。

减仓与平仓需要注意哪些问题

当然，提到了加仓策略就不得不提减仓策略和平仓策略，**真正的财富是通过精明的退出实现的**。常言道：会开仓的是徒弟，会平仓的是师傅，会空仓的是师爷。关于减仓，交易者可以参考以下两个策略。

减仓策略一：倒金字塔减仓策略

倒金字塔减仓策略是指初次减仓的数量大于后续减仓的数量，每次减仓的数量都大于或等于剩下仓位的数量，这与金字塔加仓的方式正好相反，如图 14-4 所示。

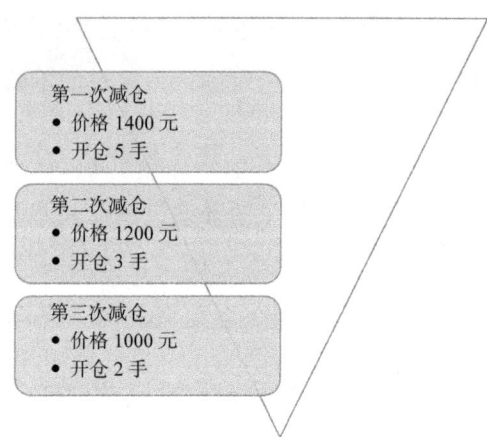

图 14-4　倒金字塔减仓策略示意图

当交易者决定开始减仓时，说明他认为短期风险是大于收益的，从风险收益比的角度来说，此时的交易应更加看重风险，而不是收益，所以选择了减仓。既然如此，交易者就需要减掉大部分仓位来兑现帐户利润，让剩下的较低仓位暴露在风险之中。

这样做的好处是，如果行情如交易者所预料的那样下跌了，那么较低的仓位在市场中遭受的损失会比较小。相反，如果行情出乎交易者的预料，继续上涨，那么较低的仓位还是有获利的机会的。如果说加仓的时候交易者看重的是收益，那么减仓的时候交易者首先考虑的应该是风险。

减仓策略二：左侧与右侧兼顾策略

在前面的内容中，介绍了左侧交易与右侧交易的方法，那里主要讨论的是开仓的时机，建议交易者采取右侧交易的方法。当我们需要进行减仓或者平仓时，达到预期价位之前进行左侧减仓，超过预期价位之后进行右侧减仓。换句话说，交易者在减仓或平仓时，可以将左侧与右侧的交易方法结合起来进行操作，如图 14-5 所示。

第 14 章　加仓与止损都是双刃剑

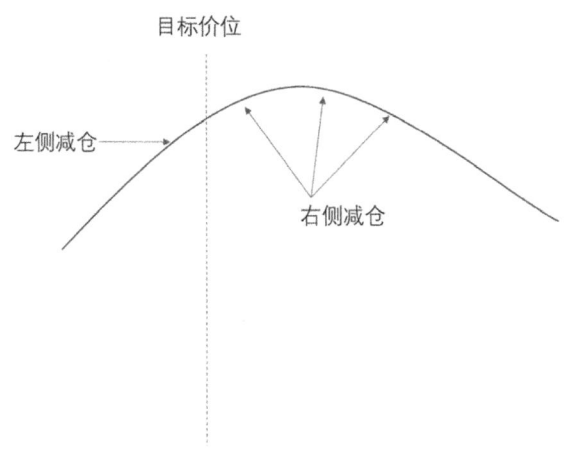

图 14-5　左侧与右侧相结合进行减仓

没有人能够做到准确地预测每一次涨跌，更没有人能够做到精准预测每一个价位。所以当价格离你的预期价位比较接近时，就需要先平掉一部分仓位来确保利润。如果行情继续向有利你的方向发展，那么剩下的仓位会继续给你带来收益。你接下来的减仓就是在预期价位之上了，为了获取更多潜在利润，这部分仓位可以进行右侧减仓。

最后，一起来了解一下止损策略。绝大多数交易者都听说过这样一句经典格言：**截断亏损，让利润奔跑！**然而，残酷的现实总是这样的：**截断亏损，让利润逃跑！**许多交易者存在的问题就是盘中浮盈了很多，但是到平仓的时候，要么不怎么赚钱，要么亏钱。从浮盈变成浮亏，关键在于减仓策略；一直截断亏损，则是因为止损策略出了问题。

常言道：**止损永远是对的，错了也对；死扛永远是错的，对了也错。即止损是无条件的！**对于这句话，交易者需要辩证看待。设置止损位的确是一门学问，止损区间设置过小，交易者容易因止损而被迫离场后行情又向着自己预期的方向发展而感到遗憾；止损区间设置过大，绝大多数交易者往往无法承受那么大额度的亏损。这里给交易者分享两个止损策略。

止损策略一：方向止损策略

对于止损，交易者需要明确的是，你这一笔止损交易是对交易方向的否定还是对开仓时机的否定。如果你对交易时机比较确定，而对交易方向把握不好，建议还是适当缩小一下止损区间。

因方向而止损通常发生在价格不高不低的时候，在这个震荡区间范围之内，向上发展或者向下发展的概率都比较大，交易者往往把握不好。在这个时候，出于审慎性原则交易者可选择止损，避免方向错误给自己带来巨大的损失。

止损策略二：时机止损策略

如果你对交易方向比较确定，只是对交易时机把握得不是很好，可以稍微放大一些止损区间，从而避免行情的正常波动对交易者的头寸触发止损。

在实际交易过程中，止损区间有时设置得比较大，有时设置得比较小，这取决于行情发展的位置与交易者对行情的判断：在行情发展中追进的时候，交易者无法确定行情是继续延续还是转折，这个时候交易者需要谨慎，通常设置较小的止损区间；在行情刚开始启动的时候，交易者基本上认为行情大概率会继续延续，这个时候交易者可适当地放大自己的止损区间。

除上述两种常见的止损策略外，还有其他几种比较常见的止损策略。一种是逻辑止损，通常是基本面交易者所采用的一种止损方式，只要自己的逻辑没有问题，就坚持当前仓位。逻辑止损的核心是止错，并不因为账户的亏损而盲目止损，除非发现自己的逻辑错误或者被市场证伪，才进行止损。

另一种是风控止损，通常是程序化交易者所采取的一种止损方式，严格把亏损额度控制在目标范围之内，超出这个范围就触发风控止损。风控止损是非常有必要的，因为交易者有交易者的逻辑，市场有市场的规律，有时候市场行情并不是按照交易者的逻辑去发展的，这个时候如果交易者坚持自己的逻辑往往会亏损惨重，而风控止损则能很好地解决这一问题。

还有一种是时间止损，通常是一些技术分析交易者所采用的止损方式，在入场后 3~5 天，价格没有按照自己预期的方向发展，就立即进行止损。当然，笔者并不赞同时间止损这一理念。

不同风格的交易者所采用的止损策略往往各不相同，交易者需要找到最适合自己的止损策略。

最后，交易者需要注意的是，当采取较大的止损区间时，一定要配合相应的资金管理策略，做好仓位控制，避免账户爆仓。

第 15 章

两种常见的资金管理策略

只有不断地获得盈利,我们才有加仓的勇气!这就像你带一支军队去打仗,什么是你们不断勇敢冲锋的动力?唯有胜利!只有你的账户不断获得盈利,你才有勇气加仓,去继续以小博大。——《期货大作手风云录》

许多交易大师之所以成功,不仅仅是因为具有良好的交易策略,更重要的是,他们通常也具有非常科学、合理的资金管理策略,尽管这些资金管理策略可能并不相同,但是其中包含的思想值得广大交易者学习和借鉴。接下来,我们一起来了解一下两种比较著名的资金管理策略。

安德烈亚斯·博什的资金管理策略

在一次世界投资比赛中,期货组冠军安德烈亚斯·博什(Andreas Bosch)采用了一种资金管理策略,为他获胜奠定了良好的基础。

他将自己的账户划分为三种状态:正常状态、积极状态、保守状态。在正常状态下,假设他用本金的 5% 来承担风险,如果这 5% 亏损了,账户就变成了保守账户。在保守状态下,他只拿本金的 2.5% 来承担风险,直到资金总额恢复到原来的水平。相反，如果在正常状态下账户盈利了本金的5%，此时账户就变成了积极状态，这时他采取的策略是，每赚了本金的5%，就会增加1%的本金和20%的利润作为冒险资金，如图15-1所示。

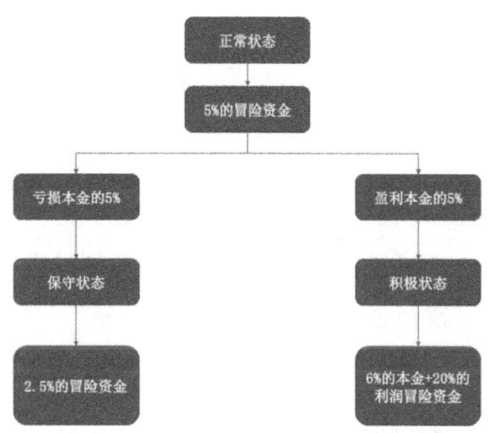

图15-1　安德烈亚斯·博什的资金管理策略示意图

举例来说，假设他的账户最初有10万元资金，初始状态为正常状态，一开始会拿出5%的资金（即冒险资金）参与交易，即用5000元来交易，当他的账户盈利了本金的5%，即赚了5000元后，他的账户就变成了积极状态，此时，可动用的资金就是7000元。其中追加的1000元是本金的1%，追加的另外1000元是利润的20%。

假设他的账户盈利不是本金的5%，而是亏损了本金的5%，那么他的账户就变成了保守状态，这个时候冒险资金就是2375元即账户余额9.5万元的2.5%，只有当他用这2375元赚回亏损的5000元，使账户资金达到10万元后，他的冒险资金才能恢复到最初的5000元。

安德烈亚斯·博什就是采用这种方法获得了世界冠军，而且做到了一年20倍的收益。仔细分析，这个资金管理策略最大的特点就是根据账户的动态变化来调整自己的风险偏好，当账户处于亏损状态时，交易者就变成了一个保守的交易者,以避免账户亏损进一步扩大。一些交易者在账户发生亏损后,往往急于把损失赚回来,就容易重仓进行交易,这是交易的大忌,而这种资金管理策略正好能够克服交易者在交易中急于挽回损失的缺点,做到了良好的防守。

当交易者账户处于盈利状态时,交易者就变得更加积极,可以利用盈利资金加大持仓比例,用部分盈利资金去冒险,一方面可以博取更大的收益,另一方面,还能保住一部分利润。

这是一套进可攻、退可守的资金管理策略,与那种使用固定金额比例的资金管理策略相比,这种策略更具有灵活性。

单元交易资金管理策略

单元交易资金管理策略也是一些交易大师们经常使用的资金管理策略,这种策略主要是将交易资金划分为若干个交易单元,在不同情况下,采取不同数量的交易单元进行交易。

假设交易者的账户现在拥有100万元交易资金,将这笔资金平均分成5个交易单元,这样每个交易单元有20万元的操作资金。每次交易过程中,交易者只投入其中一个交易单元,最初交易者的持仓比例为20%。

与此同时,为了确保每笔交易亏损不超过总资产的2%,交易者对每个交易单元限定的止损比例为10%,即20万元×10%=2万元。而当交易者的第一个交易单元盈利达到20%,即20万元×20%=4万元时,交易者才可以启动第二个交易单元参与交易。

当交易者第一个交易单元实现20%的盈利之后,需要再投入新的一个交易单元,这时账户的总权益是100万元+20万元×20%=104万元,持仓比例是（20万元＋20万元）÷104万元≈38.46%，最大的止损额度是40万元×10%＝4万元，止损比例为4万元÷104万元≈3.85%，如果亏损超过这个值，就需要无条件止损。

需要注意的是，这时的止损比例不再是总资产的2%，这是因为账户盈利了，在用盈利的资金博取更大的收益时，只要按照上述的比例严格进行止损，原始资本就几乎不会受到损伤。

假设交易者这次的收益率又达到了20%，即40万元×20%＝8万元，交易者就可以继续投入第三个交易单元。在这里需要注意的是，如果交易者的第一个交易单元盈利了，而第二个交易单元加入之后最终以止损离场的话，那么总资产必定会回落到104万元以下，此时交易者就必须重新按照第一个交易单元那样交易，直到总资产在104万元以上，才可以继续投入第二个交易单元，以此类推，如图15-2所示。

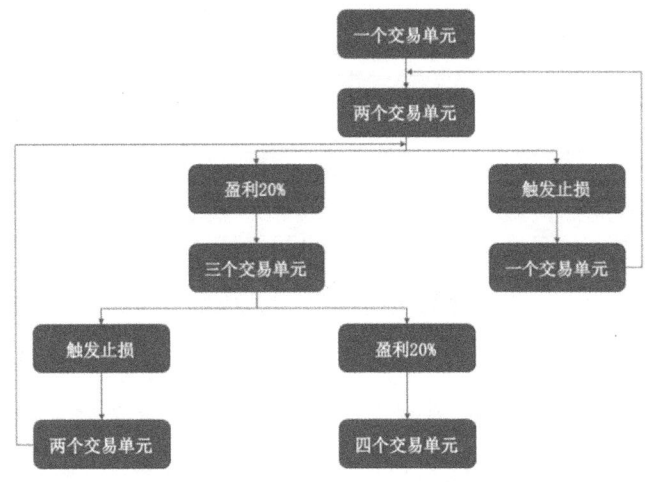

图15-2　单元交易资金管理策略示意图

剩下的三个交易单元也是按照同样的规则，每当盈利达到20%时，就新增一个交易单元。具体的推演过程就不再详细介绍了，这里给大家总结一下最终的推演结果,让交易者体会一下这种资金管理策略的魅力。

当你操作第一个交易单元获得成功时,账户总盈利为 4%;当你操作两个交易单元获得成功时,账户总盈利为 12%;当你操作三个交易单元获得成功时,账户总盈利为 24%;当你成功操作四个交易单元获得成功时,账户总盈利为 40%;当你操作五个交易单元获得获得成功时,账户总盈利为 60%;当你操作六个交易单元获得成功时,账户总盈利为 84%;当你操作七个交易单元获得成功时,账户总盈利为112%,如表 15-1 所示。

表 15-1 单元交易资金管理策略下账户总盈利推演表

交易单元	总投入(万元)	盈利(万元)	累积收益率(%)
1	20	4	20
2	40	8	30
3	60	12	40
4	80	16	50
5	100	20	60
6	120	24	70
7	140	28	80
8	160	32	90
9	180	36	100
10	200	40	110

虽然上述这个资金管理策略看似非常机械,但是在实战中的效果非常不错,它体现了能力与资金管理规模匹配的原则。仔细研究一下这个资金管理策略就会发现,它充分考虑了实际交易中的市场风险,每一次加码都是在已有获利,且能够充分消化亏损风险的前提下实施的。换句话说,交易者每一次都是先为整个交易账户放一个安全垫,再放大账户的头寸规模进行加码交易,这样即使错了,也不会损害到账户的原始资本,如果对了,就能带来更多的收益,所以随着交易单元数量的增加,预期收益呈指数级增加。

总结上述两种资金管理策略的特点，交易者可以发现，一个良好的资金管理策略通常具备低风险的意识，尽量在保证本金安全的前提下，利用盈利的资金去冒险博取更大的利润。然而，绝大多数交易者往往只注重冒风险博取更大的利润，却没有想好如何保证原始资金的安全性。这类交易者的资金管理策略还需要进一步完善。

第 16 章
如何制订属于自己的资金管理策略

再好的资金管理策略如果不能与你的交易策略相匹配，对你来说就是非常危险的，所以交易者要学习其他成功交易者资金管理策略的核心思想，而不是盲目套用他们的资金管理策略。你可以借鉴他们的思想，构建出符合自己交易策略的资金管理策略。只有适合自己的资金管理策略，才是最好的策略！

在前面的内容中，我们了解到资金管理的三个重要原则——程序化资金管理原则、不要让自己的盈利单变成亏损单、盈利出金原则，也了解了两个经典的资金管理策略，那么交易者如何建立属于自己的交易策略呢？

首先，资金管理策略要服从交易者的交易计划，它本质上是交易计划的一部分。在后面的内容中，笔者将详细介绍如何制订交易计划。接下来，笔者将介绍制订资金管理策略的详细过程，如图16-1所示。

第 16 章 如何制订属于自己的资金管理策略

1. 制订交易策略
2. 资金分配与仓位控制
3. 制订止损、止盈策略
4. 制订调仓策略

图 16-1　制订资金管理策略的步骤

制订交易策略

假设交易者拥有 100 万元的操作资金，决定采用多品种、单策略的交易方法，采取本书所介绍的"基差＋库存＋利润＋技术信号"的交易策略。期货品种按照板块进行分类，可以分为黑色系板块、有色板块、化工板块、农产品板块、贵金属板块和金融期货板块共 6 大板块，由于贵金属板块的黄金、白银和金融期货板块不适用于这种交易策略，所以交易者只能在黑色系板块、有色板块、化工板块和农产品板块这 4 个板块中进行品种选择。

当然，对于交易者而言，策略取决于交易者自身，如果交易者是技术交易者或者程序化交易者，那么完全可以采用自己的交易策略。品种的选择可以是单品种，也可以是多品种，策略和品种之间的组合可以分为四类：单品种单策略、单品种多策略、多品种单策略和多品种多策略，如图 16-2 所示。

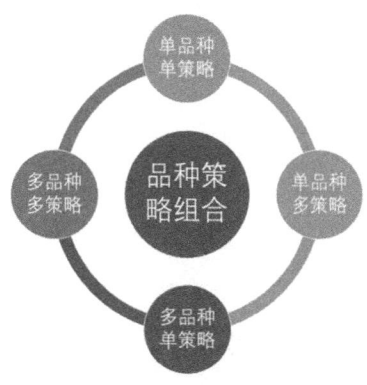

图 16-2　品种与策略之间的组合

资金分配与仓位控制

假设交易者的初始资金为 100 万元，目标资金使用率为 40%。也就是说，交易者可以使用的操作资金最多是 40 万元，4 个目标板块平均分配资金，即每个板块均投入初始资金的 25%，也就是 10 万元的资金。接下来，交易者需要从各个板块中选择不同的交易品种。假设每个板块只交易 3 个品种，每个品种还是平均分配板块的资金，即每个品种最多可用约 3.33 万元的资金。这样一来，交易者就把 100 万元的初始资金进行了多板块、多品种的分配与控制，如图 16-3 所示。

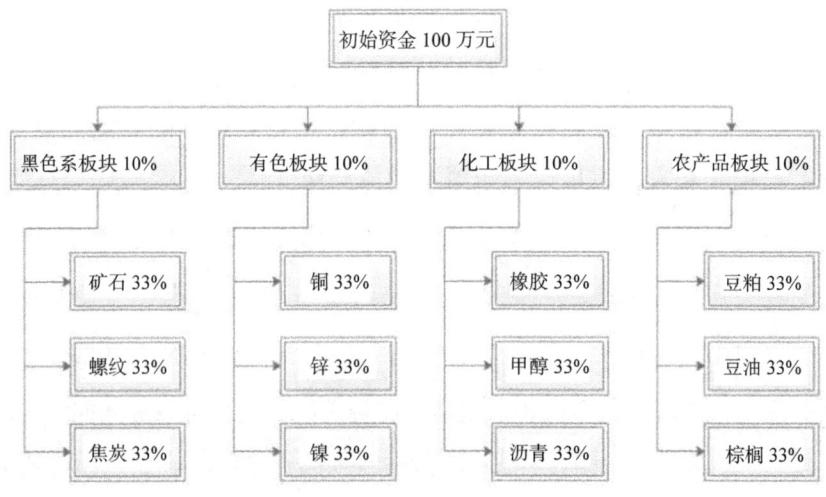

图 16-3 资金分配的示意图

制订止损、止盈策略

假设交易者的警戒线为亏损 20%，清仓线为亏损 30%。也就是说，当交易者亏损 20 万元的时候，整个交易账户进入警戒状态，当交易者亏损 30 万元时，整个账户就要清仓停止交易了。由于交易者参与了 4 大板块共 12 个品种的交易，也就是说，每个品种最大亏损不能超过 1.67 万元（即 20

万元÷12），一旦超过 1.67 万元，就需要进行无条件止损。在这里，交易者并没有按照固定的比例进行止损，而是采用定额止损的方法。除此之外，交易者也可以采取近期前低法、历史极值法、压力位与支撑位等方法来确定止损策略。

除了止损，止盈也是一种智慧，止盈的目的并不是阻止利润"奔跑"，而是让交易者在确保这笔交易不会亏钱的基础上，再让利润"奔跑"。换句话说，就是先把成本收回来，然后让利润"奔跑"。止盈的策略前面已经介绍过了，这里不再重复介绍。

制订调仓策略

由于交易者的每个板块需要配置 10 万元资金，分 3 个品种进行配置，每个品种配置约 3.33 万元，交易者可以选择一次性建仓，也可以采取分批次建仓的方法。这里采用两次建仓的方法，先建底仓，有了浮盈之后再通过回调加仓来实现目标仓位的配置，然后减仓采取左侧减仓和右侧减仓相结合的方法。当交易者基本达到自己预期的价位时，先平一半的仓位，根据行情的发展再平掉另一半的仓位。

这里并没有采取激进的加仓，而是选择在不同时机分批次建仓，是因为这套以"基差＋库存＋利润＋技术信号"为核心的交易策略主要参与的是基差修复行情，随着基差的修复，后续的盈利空间会越来越小，加仓的风险会越来越高。这也体现了资金管理策略要服从交易策略的原则。

所以，对于一些优秀的交易者采取的资金管理策略，普通交易者不能够随便拿来使用，因为后者不了解前者采取的交易策略。资金管理策略要服从交易策略，与交易策略有机配合，从而使交易结果达到最优。当然，普通交易者需要学习优秀交易者的资金管理策略中蕴含的思想，然后借鉴这种思想，进而构建出适合自己交易策略的资金管理策略。

第 5 部分

一致性的问题——自我管理

该部分主要强调交易者自身对交易的影响,讲解了一致性原则在交易过程中的重要作用,以及会影响一致性因素的两种心理状态,然后给出交易者提高一致性的相关建议,最后介绍制订交易计划与撰写交易日志,主要内容包括:

- 第 17 章 交易能否实现盈利的重要因素
- 第 18 章 贪婪和恐惧是一致性原则的杀手
- 第 19 章 如何提高交易过程中的一致性
- 第 20 章 交易计划的制订与交易日志的撰写

第 17 章

交易能否实现盈利的重要因素

一个交易者从初入期货市场到最终实现稳定盈利,在交易的不同阶段通常会遇到不同瓶颈,能否突破这些瓶颈,往往决定了交易者能否最终实现盈利。在整个交易过程中,所有交易者都不得不面对两个主要瓶颈:第一个瓶颈是如何找到一套适合自己的交易系统,第二个瓶颈就是如何按照一致性原则去执行自己的交易系统。许多交易者已经拥有了属于自己的交易系统,却没有认识到一致性是交易系统实现盈利的重要因素,没有在一致性上下工夫,不断更换自己的交易系统。其实没有完美的交易系统,只有完美的一致性执行。

如何找到一套自己的交易系统

一个交易者在不断成长的过程中会随着经验的累积和交易体系的不断完善与成熟,逐步从主观交易过渡到非主观交易,大体上的成长过程可以分为以下 5 个阶段(如图 17-1 所示)。

- 无规则交易:没有规则,凭直觉和经验,随机应变。

- 主观交易:主观模式识别,主观判断。

- 规则交易：主观模式识别，在规则指导下交易。
- 机械交易：凭机械交易系统交易。
- 程序交易：凭程序化或黑盒子交易系统交易。

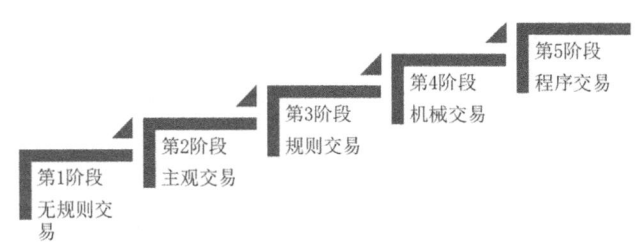

图 17-1 期货交易者的成长路径

当然，编程能力稍差的交易者经历过长时间的交易和经验累积，最终会形成相对固定的分析框架和交易系统，从而停留在凭主观模式识别，在规则指导下交易的阶段。

无论是进行中长期交易的特定分析框架，还是进行短期交易的特定技术信号，都是一套相对固定的交易规则，顶级交易者一旦发现适合自己的交易规则，就会坚持采用该规则交易，只赚规则之内的收益。

交易者从最初的没有规则、凭直觉和经验、随机应变的交易方法，在不断亏钱之后，终于开始认识到交易系统的重要性，于是开始想方设法地构建自己的交易系统。然而，这并不是一件简单的事情，不能一蹴而就，需要不断地优化和完善。由于交易者所依靠的分析方法和交易方法不同，他们构建交易系统的方法也不完全相同。

有的交易者属于基本面交易者，他们从基本面出发，利用自己对产业链的深刻把握，经过严格的逻辑推导，从而形成了一套基于基本面分析的交易系统，然后以实际走势来验证。有的交易者属于技术分析交易者，他们从技术分析出发,构建各种技术模型或者数学模型,通过历史数据回测来验证交易系统的可靠性。

无论是哪种类型的交易者,要想进入稳定盈利的阶段,都不是凭感觉和猜测进行交易的,而是依赖于他们经过多年交易总结出来的交易系统。然而遗憾的是,很多交易者做了多年交易也没有一套自己可以依赖的交易系统。

交易系统不仅可以帮助交易者在高度随机的期货价格波动中寻找到非随机部分,还能够帮助交易者有效地控制自身的心理弱点、排除他人的干扰,使交易者的决策更加理性。一套最基本的交易系统至少包括基本面分析、技术分析与资金管理三个部分,如图17-2所示。

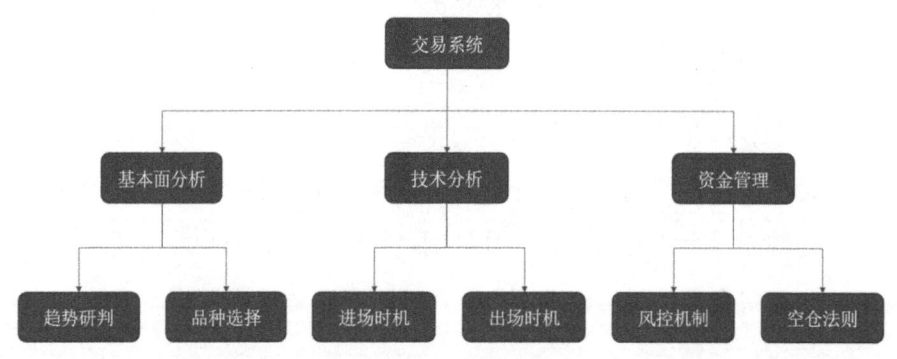

图17-2 交易系统的构建

基本面分析的作用在于趋势研判与品种选择,前面已经强调过了。趋势研判主要分为上涨趋势、震荡趋势和下跌趋势的判断,判断的方法是利用基本面分析中的供需平衡表,分析商品未来是处于供需平衡、供需宽松还是供需紧张的状态。品种选择主要是根据基差、利润、库存等基本面情况,选择顺应趋势的品种。

技术分析的作用在于择时,即对进场时机与出场时机的把握。这就需要交易者设定具体的进出场规则,然后严格按照自己所设定的规则去参与交易和退出交易。

资金管理的主要作用在于风险控制与仓位管理。当交易者对趋势判断正确时，应确保有足够多的仓位参与交易，当交易者对趋势判断错误时，应确保整个账户的风险得到有效控制。需要注意的是，市场上并不总是充满机会的，没有机会的时候需要学会耐心等待。因此，空仓也是一种资金管理。

有交易系统就能在交易中实现盈利吗

即使拥有了系统的交易方法，也并不代表交易者就能够在期货交易中获得盈利。要想在交易中获得盈利，不仅需要有自己的交易方法，还需要在交易过程中保持耐心和定力，当然，比这更重要的是在交易过程中保持一致性，然而，这是绝大多数交易者容易忽略的问题。

世界上没有最完美的交易系统，任何交易系统都会有一定的容错率。换句话说，面对复杂多变的行情，任何一个交易系统的适用性都是有限的，都只能在特定的行情中赚交易系统规则范围之内的钱。例如，趋势型交易系统只能在趋势行情中赚钱，它的交易风格是过滤震荡、趋势跟随；反趋势型交易系统只能在震荡行情中赚钱，它的交易风格是高抛低吸、过滤趋势。

有的交易者其实已经找到了一套甚至几套期望值为正的交易系统，然而，他们总是在苛求完美，不断去完善自己的交易系统。其实，交易系统只是交易最终能够获得盈利的一个方面，过分注重完善交易系统带来的边际贡献是非常小的，这时就需要了解交易盈利所需的其他方面的因素，如交易中的一致性原则，这个原则往往容易被交易者所忽略。

即使拥有了不错的交易方法或者交易系统，也不意味着交易者就能够赚到钱，因为"交易系统＋执行者＝结果"，同样的交易系统，由不同的执行者去执行，结果往往也是差别巨大的。当交易系统连续发生亏损时，交易者会对自己的交易系统产生怀疑。一些意识到一致性很重要的交易者为了克服人性的弊端，选择了程序化交易来提高交易过程中的一致性。其实，即使采用程序化交易方法，当你发现连续亏损时，也很有可能会通过人工干预停掉程序化交易。

可见，即便交易者采取了程序化交易，也很难完全解决交易中的一致性问题，因为人的主观意识还是凌驾于客观的计算机程序之上的。由于对市场存在贪婪与恐惧，交易者往往很难保持交易过程中的一致性。当你拥有了一套期望值为正的交易系统之后，决定你能否获得盈利的关键就在于一致性的执行上。

总结一下，一个交易者是否能够在交易中获得持续盈利，首先要看他经过长时间的交易后能否找到一套期望值为正的交易系统，其次是他能否在交易中保持良好的一致性，这两点是交易能否获得盈利的重要因素。

第 18 章

贪婪和恐惧是一致性原则的杀手

期货交易获得盈利的核心在于找到一套期望值为正的交易系统,让交易者获得概率优势,然后通过交易的一致性原则来实现这种概率优势。然而贪婪和恐惧往往是一致性原则的杀手,使得交易者无法按照自己的交易系统进行交易。

一个猜硬币的小游戏

通常来说,交易的过程并不是一帆风顺的。即使一个交易者拥有一套期望值为正的交易系统,也不代表他就一定能够在交易中获得盈利,因为正期望值的交易系统只能够保证交易者在交易过程中保持一定的概率优势,而这种概率优势是在大数定律的基础上成立的。

因此,要想确保这种概率优势得以发挥,就需要在交易过程中保持良好的一致性,通过一致性的交易来满足大数定律的条件。一致性原则可以说是交易能否获得盈利最为重要的因素。然而,贪婪和恐惧往往会影响交易者交易的一致性。

假设你有 20 元钱，现在我们来玩一个猜硬币的游戏，游戏开始前你可以决定是否参加，不过每次参加游戏，你需要花费 1 元钱，如果硬币数字面朝上，你将获得 2.5 元，如果硬币数字面朝下，你将损失你的 1 元钱，如表 18-1 所示。显然，硬币数字面朝上和朝下的概率均为 50%，而你的盈亏比却为 2.5 倍，所以这个游戏对你来说期望值是正的，理论上讲，长期玩下去你是赚钱的，因为你找到了一套期望值为正的交易系统。

表 18-1 猜硬币游戏的规则

	数字面朝下	数字面朝上
概率情况	50%	50%
盈亏情况（元）	-1	2.5

然而，这个游戏并不是只玩一次就结束了，假设这个游戏可以玩三次，每次玩 20 局，第一次，你的运气稍差，连续亏损，结果导致自己不敢继续参与，最终你只参与了 10 局，另外 10 局你放弃了。显然，对于期望值为正的交易系统，你没有做到一致性，对于系统之内的正常亏损，你产生了恐惧，不敢坚持执行自己的交易系统，从而无法使之满足大数定律的条件，最终结果是你手中的钱低于最初的 20 元，你以亏损的状态结束了第一次游戏。

假设你第二次玩这个游戏的时候，你的运气不错，连续获利，使自己对下一把游戏的结果比较乐观，所以频繁参与，最终你参与了 13 局。你的一致性有了一定程度的提高，游戏结束时，你手中的钱恰好还是 20 元，你以盈亏平衡的成绩结束了第二次游戏。

现在你只剩下最后一次机会，当你最后一次玩这个游戏的时候，你终于鼓足勇气，连续参与了 20 局游戏，最终你神奇地发现，你手中的钱超过了 20 元，你以获得盈利的方式结束了第三次游戏。通过这三次游戏，你会发现出现三种不同结果的原因很简单：恐惧影响了你交易的一致性。

变换一下我们的游戏规则

接下来，我们把游戏规则稍微改变一下，继续来玩这个猜硬币的游戏。假设每一局游戏你需要猜硬币的正反面，当你第一局猜对时，系统会奖励你 1 元，当你第二局猜对时，系统会奖励你 2 元，当你第三局猜对时，系统会奖励你 4 元，当你第四局猜对时，系统会奖励你 8 元，以此类推。当你猜错时，系统会没收你所有的收益。每局游戏开始之前，你可以选择继续或者退出，退出时结算收益。

从理论上讲，当你连续猜对时，每一局的收益分别是 1、2、4、8、16、32……这样的等比数列。从盈亏比来看，第一局的盈亏比是无限大，第二局的盈亏比是 2，第三局的盈亏比约是 1.33，第四局的盈亏比约是 1.14……最后盈亏比会无限接近于 1。

假设你玩这个游戏的时候运气特别好，前五次总是猜对硬币的正反面，已经累计实现了 31 元的收益，这个时候你想要继续参与第六局的游戏，希望能够赢得另外 32 元的奖励。然而这一次你的运气并没有那么好，你猜错了，很遗憾，你之前猜对的五局累计奖励都要被没收。你灰头土脸地离场了，虽然中间赚了很多钱，但是当游戏结束的时候，你一无所有，因为贪婪让你过度参与了这场游戏。

上述情况在期货交易中太普遍了，许多交易者在盘中的时候有大量浮盈，结果平仓的时候总是亏损。贪婪使他们放松了警惕，过度参与了交易，而没有遵守自己的交易系统，没有做到只赚交易系统规则内的钱，总是抵挡不住市场的诱惑，总是想赚交易系统外的钱，结果赔了夫人又折兵。

现在你应该明白了，交易中最可怕的是正确的亏损和错误的盈利，因为这两种情况都会让交易者放弃正确的交易理念和交易方法。正确的亏损会让交易者产生恐惧，错误的盈利会让交易者变得贪婪，而贪婪与恐惧又会严重影响交易的一致性。所以交易者需要学会克服交易中的贪婪与恐惧心理，努力提高自己在交易过程中的一致性，不要因为几次交易的结果影响你对交易系统的信任，因为交易系统比你临时做出的决定更加可靠。

第 19 章

如何提高交易过程中的一致性

在交易过程中提高一致性有三个常见的办法：第一，制订完善的交易计划，让一切结果都在计划内并且可以被接受；第二，降低持仓比例，过高的持仓比例会加剧交易者的贪婪与恐惧心理；第三，减少看盘时间，多看多烦恼，少看少烦恼，不看没烦恼，看盘就是"浪费生命"！

既然交易者已经认识到，要想在交易过程中持续获得盈利，不仅需要拥有一套期望值为正的交易系统，而且需要保持交易过程中的一致性，而贪婪和恐惧两种心理状态会严重影响交易者在交易过程中的一致性，那如何才能提高交易者在交易过程中的一致性呢？除了建立一套可靠的交易系统外，交易者还可以通过以下几个方面来提高交易过程中的一致性。

- 制订完善的交易计划
- 降低持仓比例
- 减少看盘时间

计划你的交易，交易你的计划

制订完善的交易计划。本书前面的部分已经介绍了如何制订资金管理计划，从本质上说，资金管理计划也是整个交易计划的一部分。接下来，我们将详细介绍如何制订一份完整的交易计划。交易本质上是一门科学，是关于如何制订交易计划与执行计划的科学，这个过程可以概括为八个字：准备、纪律、耐心、决心。

凡事预则立，不预则废。古代战争都是有事先完整的作战计划才敢出兵作战的，而不是临时决定就立马去攻打对手。交易的残酷性不亚于战争，同样需要在做好完备的交易计划后，才能够去进行交易。交易计划要充分考虑当行情在交易者预期方向发展时，交易者如何应对；当行情出乎交易者的意料，向预期的相反方向运动时，交易者又应该如何面对。

交易计划中应该对所有可能出现的结果，尤其是最坏的结果做好充分的准备，其中包括资金管理上的准备，也包括心理上的准备。这样一来，无论行情是好是坏，是否和预期相符，交易者都做好了万全之策，一切都在计划之中，都有了应对方案，这样交易者在交易的时候才有底气，才会变得更加坚定，才不容易被盘面价格的波动所干扰，从而能够更加坚定地执行自己的交易系统。

高杠杆会让你失去理智

降低持仓比例。仓位最能反映一个交易者对待贪婪与恐惧的态度。当交易者发现一个自己认为非常好的机会时，往往会重仓进行交易，此时贪婪的心态在起主要作用。由于仓位变重，所以盘面上的价格稍微有一些波动，账户上就会出现很大的浮盈或者浮亏。当发生浮亏时，尤其是当浮亏较大时，几乎所有交易者的心理压力都会变大，这个时候心态会由最初的贪婪变成恐惧。这往往容易让交易者因频繁止损而出局，导致账户收益不断缩水。

一个能够克服自己的贪婪和恐惧，并合理使用账户资金的交易者，往往能够拥有一个不错的交易结果。因为仓位的加大意味着杠杆的加大，杠杆加大不仅会导致未来收益和损失的放大，也会放大交易者的贪婪与恐惧情绪，当这种贪婪与恐惧情绪失控时，往往是非常危险的。

玩期货最惨痛的教训常常发生在你认为最确定的时候。此时你的信心最足、仓位最重，结果市场悄悄向反方向发展，你却不太警觉，一旦运动加速，而止损又不坚决，特别容易造成大亏损，甚至爆仓。

稳定的盈利即暴利，当交易者开始使用复利的思维方式后，就不会盲目追求高仓位和高收益。"财不入急门"，快的事物往往难以永恒，就像流星划过夜空一般，一闪而过。交易也是如此，想要快速获得暴利的交易者，在期货市场中的寿命往往不会太长。

看盘就是浪费生命

减少看盘时间。绝大多数交易者都喜欢看盘，有的交易者看盘是为了看账户的浮盈与浮亏，有的交易者看盘是为了看价格的涨跌，从而寻找交易的机会。华尔街有句名言：千万不要在玩牌的时候数钱，等游戏结束，有的是时间。交易者往往希望通过自我体罚来提高自己的一致性，这只不过是事后的措施。对于事前一致性的提高，最好的方法是控制自己的看盘时间。

交易者越是在意账户暂时的浮盈与浮亏，越会受到贪婪与恐惧情绪的干扰，从而削弱交易中的一致性。所以，如果交易者看盘只是为了看账户暂时的浮盈与浮亏，那么还是需要牢记华尔街的那句名言。在没有平仓之前，账面的浮盈不是你的，浮亏也不是真正的亏，不要因为暂时的浮盈与浮亏而影响了一致性。

对于看盘是为了寻找交易机会的交易者来说，其实真正大的机会不会一天就结束。笔者从未见过一个天天盯在电脑旁边的交易者赚过大钱。相反，真正赚大钱的交易者往往都是胸有成竹，一切按照交易计划进行，生活过得十分惬意。

国内的期货大佬梁瑞安[1]曾说过：看盘就是浪费生命。《期货大作手风云录》[2]中的故事也告诉交易者们：多看多烦恼，少看少烦恼，不看没烦恼。当你开仓后，设置好条件，然后离你的电脑和手机越远，你的交易执行力往往越强。

盈利并不是期货市场对你勤劳交易的劳务费，而是对你做出正确判断并坚持自己的判断的褒奖。绝大多数交易者喜欢做市场的参与者，不喜欢把更多的时间和精力放在事前研究上，而喜欢放在频繁的交易上；而真正赚钱的交易者往往喜欢做市场的旁观者，把更多的时间和精力放在事前研究上，而把较少的精力放在盘中交易上。

当然，除图 19-1 所示的三种常用办法外，交易者还需要经常进行心理练习。心理练习是提高人类各种业绩的重要方法之一。无论是运动员还是交易者，想要在任何一个领域取得重大的成功，都需要有良好的心理素质，这种心理素质是在日常生活中不断练习而养成的，在关键时刻能够发挥重

---

① 梁瑞安，知名期货投资人，上海砥俊资产管理中心总经理。
② 《期货大作手风云录》作者刘强，国内知名期货投资人，于 2015 年股灾后跳楼身亡。

要作用。对于交易者来说,需要养成这样的心理特征:时刻准备、严守纪律、保持耐心和决心。

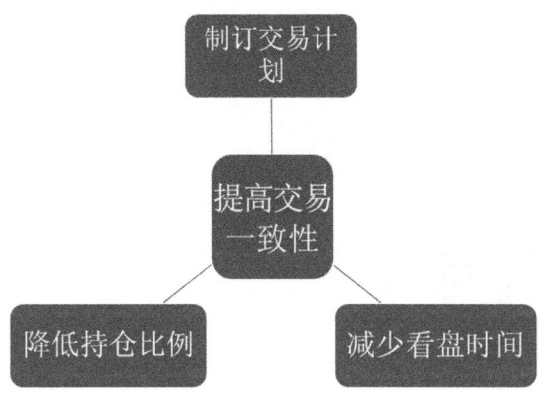

图 19-1 提高交易一致性的三种方法

第 20 章

交易计划的制订与交易日志的撰写

交易者亏钱的一个重要原因在于交易缺乏计划性,在交易过程中凭直觉进行随机交易。交易者长期交易却没有进步的一个重要原因就是没有撰写交易日志的习惯。交易计划能够让你在交易时应对自如,交易日志能够帮助你快速成长。一个交易者进步和成功的标志是从制订交易计划和撰写交易日志开始的。

如何制订交易计划

常言道:**盘前盘后不刻苦,开盘亏成二百五**。一个能获得盈利的交易者总是习惯在非交易时间制订好交易计划,而亏损的交易者总是习惯在盘中即兴交易。可见,交易计划对交易结果起着非常重要的作用。不同风格的交易者制订的交易计划也各不相同,对于不完全基于技术分析进行的交易,其交易计划往往更加复杂,当然最终呈现的结果是简单的。制订交易计划分为摘要、交易计划和交易逻辑三个部分,如图 20-1 所示。

第 20 章 交易计划的制订与交易日志的撰写

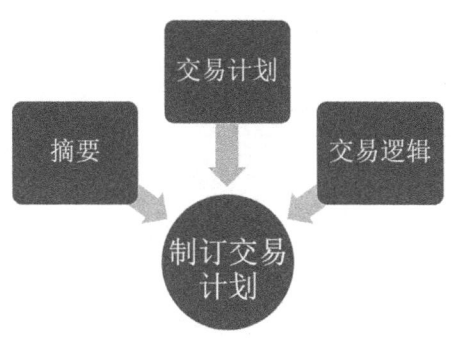

图 20-1　交易计划的三个组成部分

摘要部分就是大家常见的一张表格，如表 20-1 所示，上面罗列着有关交易的各种信息。

表 20-1　摘要部分的表格模板

序　号	项　目	内　容
1	交易编号	
2	交易时间	
3	交易品种	
4	交易资金	
5	交易策略	
6	合约选择	
7	交易周期	
8	仓位控制	
9	入场点位	
10	杠杆倍数	
11	持仓数量	
12	止损价位	
13	目标价位	
14	留单原则	
15	退出时机	

交易计划部分则是对摘要中每一部分内容的详细解释与说明，每一条都应有理有据。它主要包括以下几部分内容。

交易编号。为了以后方便查找，交易者可以给自己的交易计划设置编号，这个编号可用于区分套利交易、投机交易及交易时间，由交易者自行设定编号规则。

交易时间。从何时开始关注该品种，是持续关注，还是暂时关注。

交易品种。交易该品种的是单主力合约还是多主力合约。

交易资金。视交易者自身情况而定。

交易策略。是单边投机还是套利，是一次性建仓还是分批建仓。

合约选择。是选近月主力合约还是选远月主力合约。

交易周期。是日内交易、短线交易，还是中长期交易。

仓位控制。整体仓位不超过多少，单个合约不超过多少。

入场点位。确定一个入场价格区间。

杠杆倍数。利用振幅和涨/跌幅的历史比较法来确定杠杆倍数。

持仓数量。根据开仓合约以及杠杆倍数来测算开 1 手合约需要占用多少保证金，然后根据仓位控制的规定来计算持仓数量。

止损价位。利用历史极值法和固定止损法来确定止损价位，然后比较两种方法中哪种更合理。

目标价位。利用历史极值法和资金成本法来计算目标价位，然后比较哪种盈亏比更合理。

留单原则。不触发止损就坚决持有。

退出时机。在目标价位的左右两侧分别平一半仓位。

交易逻辑部分介绍的是制订这样的交易计划背后的逻辑，纯技术分析者可能不需要准备这一部分内容。

当然，或许你会好奇，交易计划又不是给别人看的，为什么要把它搞得这么复杂呢？其实，这样制订交易计划有一个最大的好处：当你回过头来审视自己的交易时，你当时是怎么想的、如何计划的都会非常清楚，有助于你进行反思和提高。如果只有摘要部分，那么你回过头来再看，当时的情况可能已经忘记了，但是如果在交易计划和交易逻辑里面进行了详细说明，你随时都能了解当时的情况以及你的计划。

一个交易计划的简单示例

接下来，我们以天然橡胶为例，简单介绍一下如何制订交易计划。由于橡胶供应相对宽松，而需求相对较弱，所以橡胶期货的价格从 2016 年的 22310 元/吨开始，一路下跌，截至笔者交稿时，其价格处在 12000 元/吨附近的历史较低位置。从长期来看，橡胶价格未来的下跌空间有限，而上涨的空间非常大。从盈亏比来看，等待时机入场做多要比低位追空更合理。假设交易者长期看多橡胶期货，可以建立如下的交易计划（注意，该交易计划仅作为一个示例进行演示，并不代表笔者对橡胶期货的观点）：

交易编号。第 57 号。

交易时间。从 2018 年 5 月 2 日起，持续进行跟踪。

交易品种。橡胶主连，交易映射到橡胶主力合约，主力移仓换月则进行展期交易。

交易资金。假设初始资金是 500 万元。

交易策略。多头交易，分批建仓。

合约选择。RU1901 以及后续的主力合约。

交易周期。中长期交易。

目标仓位。这里假设是单品种持仓，总体仓位控制在 40%以内，分批次建仓。由于采取的是基于基本面的长期交易，基本面只能告诉你橡胶价格未来会涨，但不会告诉你什么时候开始涨。此时，交易者有两种策略，一种是单主力合约建仓，即在 RU1901 合约上分批次建仓 40%，入场均价控制在 12000 元/吨。另一种是双主力合约建仓，即在 RU1901 合约上建仓 20%，在 RU1905 合约上建仓 20%，入场均价控制在 12500 元/吨。

入场点位。控制在 11000~13000 元/吨。

确定杠杆。使用固定的 2 倍杠杆进行交易。从橡胶主连月 K 线图来看，近期高点价格为 22310 元/吨，近期低点价格为 9590 元/吨，波动极值为 22310-9590＝12720（元/吨），振幅约为 133%（即 12720÷9590）。最高收盘价为 21475 元/吨，最低收盘价为 10210 元/吨，累积上涨 11265 元/吨，涨幅约为 110%（即 11265÷10210），按照振幅来确定杠杆，1÷133%≈0.75，按照涨幅来确定杠杆，1÷110%≈0.91，我们采取向上取整，可以考虑使用 1 倍杠杆进行交易。

再从历史年度波动幅度来看，历史最大波动幅度是 2008 年的 19845 元/吨，次高波动幅度是 2011 年的 19630 元/吨，历史最低波动幅度是 2001 年的 1875 元/吨，历史年平均波动幅度是 8465 元/吨。现在橡胶 RU1901 盘面价格是 13280 元/吨，按照历史最低波动幅度来看，下方 11000 点是重要支撑，按照年平均波动幅度计算，RU1901 创橡胶价格历史最低点可能性比较低。按照上述计算，交易者采取 1 倍杠杆比较合理，但考虑到橡胶价格处于历史底谷，可以考虑采取稍微激进一点的杠杆，这里使用 2 倍杠杆进行交易。

保证金测算。交易者以 RU1901 建仓，建仓成本按照 12000 元/吨进行计算，采用 2 倍杠杆进行交易。那么 1 手橡胶所需的占用保证金为 12000×

$10×50\%=6$(万元),也就是说,1 手橡胶的货值是 12 万元,交易者使用了 2 倍杠杆,所以占用保证金是 6 万元。如果以 RU1905 建仓,建仓成本按照 12500 元/吨进行计算,同样采取 2 倍杠杆进行交易,那么 1 手橡胶所需的保证金为 $12500×10×50\%=6.25$(万元)。

持仓头寸测算。初始资金是 500 万元,单主力合约持仓为 40%,即交易者可动用的资金不超过 200 万元,持仓手数约是 33 手(即 200 万元÷6 万元)。如果交易者采取双主力合约持仓,主力合约持仓比例 20%,持仓手数约是 16 手(即 100 万元÷6 万元),次主力合约持仓手数约是 16 手(即 100 元万÷6.25 万元)。

风险控制。交易者可以分别采用如图 20-2 所示的三种方法来确定未来可能遇到的风险情况,然后对三种情况进行分类讨论,比较哪一种方法更加合理。

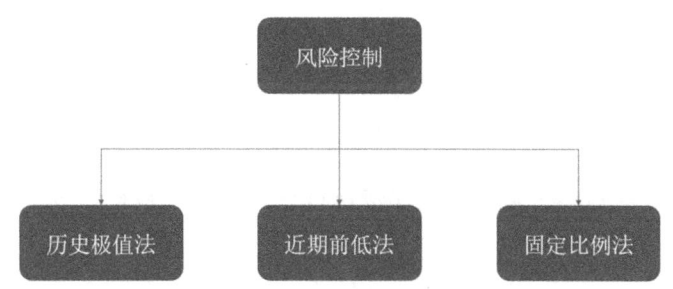

图 20-2　风险控制的三种方法

方法一:**历史极值法**。按照历史价格最低点 6320 元/吨止损,假设建仓均价在 12000 元/吨,这笔交易每吨损失 5680 元,交易者持有 330 吨橡胶,累积亏损 $5680×330=1874400$(元),即 187.44 万元,约占总资金的 37.49%(即 187.44÷500),这个比例基本上符合橡胶价格的年度波动均值。从这个角度来说,即使发生了黑天鹅事件,也不会爆仓。

方法二:**近期前低法**。由于橡胶价格跌到 6320 元/吨这个价位的可能性不是很大，截至笔者交稿时，其总共有 3 次跌破 9000 元/吨大关的情况，而且每次跌破 9000 元/吨之后都需要经历很长时间才会出现下一次跌破 9000 元/吨的情况。此外，每次当价格位于 9000 元/吨以下时，价格向下波动的区间就会变得非常小。所以交易者们可以适当乐观一些，将近期的低点 9590 元/吨的位置作为止损价位，此时每吨损失 2410 元，330 吨橡胶累积亏损为 795300 元（即 2410×330），也即 79.53 万元，亏损比例约为 15.91%（即 79.53÷500），这个比例还是可以接受的。

方法三：**固定比例法**。假设交易者所能够接受的最大亏损比例是 20%，即亏损 100 万元，交易者所能承受的价格下跌幅度约为 1000000÷330≈3030（元/吨）。也就是说，当价格跌到 8970 元/吨（即 12000－3030）时，交易者就必须止损离场。

目标价位测算。交易者分别设定盈亏比为 2 和 3 进行测试，如图 20-3 所示。当选择历史极值法进行计算时，目标价位分别是 23360 元/吨（即 12000＋5680×2）、29040 元/吨（即 12000＋5680×3）。当选择近期前低法进行计算时，目标价位分别是 16820 元/吨（即 12000＋2410×2）、19230 元/吨（即 12000＋2410×3）。当采取固定比例法进行计算时，目标价位分别是 18060 元/吨（即 12000＋3030×2）、21090 元/吨（即 12000＋3030×3）。

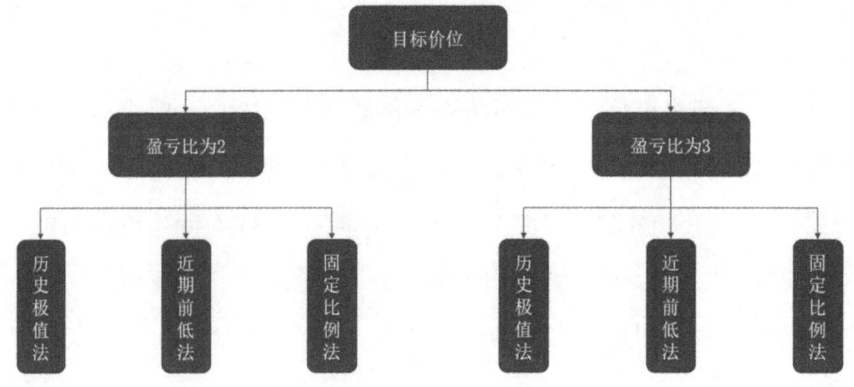

图 20-3　目标价位的计算方法

综合上述几种情况以及盘面价格与基本面的考量，盈亏比为 3 的目标取决于极端背景与投机氛围，因此保守选择 2 作为盈亏比，然后第一目标价位是 16820 元/吨，第二目标价位是 18060 元/吨，第三目标价位是 23360 元/吨。每到一个目标价位都会进行相应的减仓，不加仓。

回撤控制。当短期橡胶价格涨幅过高时，可以采取逢高减仓，逢低回补，总头寸保持不变，进行滚动操作的策略。当橡胶价格持续下跌时，在近月升水面临交割的情况下，可以考虑开空近月合约进行跨期对冲。由于近月合约升水且面临交割，基差修复是核心矛盾，而橡胶远期看涨，远月合约预期是核心矛盾。所以可以空近月、多远月对冲一下，避免账户资金损失过大，而且这种跨期套利只收单边保证金，不会占用账户的资金使用率，如图 20-4 所示。

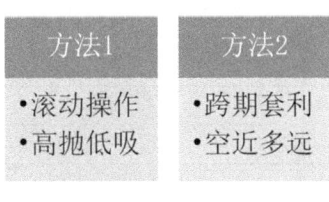

图 20-4 控制回撤的两种方法

如果你打算每年投资一两个品种，那么可以给自己或者投资人写一个年度投资计划报告，上面的这部分内容可以作为整个交易计划的第一部分，当然你还可以做个简单的表格，把其中的核心要素作为摘要。第二部分就是你的交易逻辑，把你对这个品种的判断和决策过程记录下来。然后执行一年，无论对错，你都回过头来审视一下你的交易逻辑，有没有你没想到的地方，有没有值得你总结的成功经验，有没有值得你反思的失败教训。

如何撰写交易日志

当交易者制订好自己的交易计划后，接下来要在交易时严格按照计划执行，最终市场会验证交易计划的正确性。然而，对于一个交易者来说，要想获得交易能力的提高，就必须学会撰写交易日志。因为撰写交易日志可以帮助交易者评估自己的交易业绩，认知自己的交易风格和交易优劣势，从而不断完善自己的交易风格与操作规范，并提高心理素质。

交易日志的内容与交易计划的内容存在一定的重叠，交易计划是交易风险的事前防范，交易日志是对交易计划执行结果的事后总结。一个简单的交易日志通常包括如表 20-2 所示的部分。

表 20-2　交易日志表格模板

序号	项目	内容
1	交易标的	
2	交易性质	
3	交易时间	
4	交易动机	
5	获利目标	
6	止损目标	
7	资金管理	
8	盈亏情况	
9	持有时间	
10	决策分析	

交易标的。即你开仓了哪个合约，总结一下合约的选择有没有问题。

交易性质。了解你所交易的品种的性质，这个品种是否适合你的交易风格。

交易时间。你是什么时候开仓的，总结一下交易时机是否合适。

交易动机。你买什么开仓，做多或者做空的依据是什么，总结一下你的交易动机是否合理。

获利目标。你计划什么时候平仓,分析一下你的止盈是否合理。

止损目标。你计划在什么时候、什么情况下进行止损,分析一下你的止损操作是否科学。

资金管理。你在交易过程中是否需要进行加仓或者减仓,然后评估一下你的资金管理策略是否合理。

盈亏情况。记录一下你在该合约中的盈亏情况,从而分析你的交易成功率、平均盈利及亏损情况。

持有时间。你打算持有该合约多长时间,评估一下自己持有的时间长短是否合适。

决策分析。整个交易结束后,需要评估亏损交易的认赔速度是否够快,盈利交易的持有时间是否太长,是否太快出场,是否确实遵循自己的交易规则,以及是否有其他的一些问题。

按照上述记录的项目,你可以挑出最适合自己交易的品种、行情、机会、时间和交易规则,同时知道自己的操作盈亏水平和心态变化。但是,交易日志如果只是单纯记录工作就没有意义了,它需要交易者不断翻阅和总结,以分析自己的长处和短处,查阅自己的交易绩效,提升自己的交易信心。需要注意的是,成功的交易不在于一时的成败,而在于有没有执行一个好的、稳定的交易理念或操作规则。

第 6 部分

期货交易实战案例

在实战中,笔者曾经利用"库存+基差+产业利润+技术信号"的交易方法多次取得过不错的战绩。因为基差必定是要修复的,只是修复的程度不同而已。所以这种交易方法在绝大多数时候都不会犯方向上的错误,只是时机上的选择可能会对短期账户造成波动。笔者曾在一些公开的网站和论坛做过一些实战预测,下面给大家还原一下当时的情况,以期让大家对这种交易方法充满信心。这部分主要内容包括:

- 第 21 章 螺纹期货的实战案例
- 第 22 章 宏观对冲的预测验证
- 第 23 章 棉花看涨的预测逻辑
- 第 24 章 橡胶看空的预测逻辑

第 21 章

螺纹期货的实战案例

在前面的章节中,笔者简单介绍了"库存+基差+技术信号"的交易理念,此外,还补充了"宏观+产业利润"的影响因素,从而提出了帆船理论。虽然很多主观交易者或者期货交易新手看了之后表面上认可,但是笔者相信,他们内心还是持怀疑态度的,我们不妨做一个简单的验证,其实如果真正理解了笔者所说的这种方法,在做单边的时候自己也是可以验证的。下面,我们就以市场上比较火热的、有"小股指期货"之称的螺纹钢为例吧。

螺纹钢的库存情况

之前介绍过,我们可以从西本新干线网站获得螺纹钢的库存数据和趋势图。从图 21-1 中不难看出,螺纹钢的社会库存并不高,基本上处于历史低位。不仅如此,螺纹钢的工业库存也并不高。所以从库存角度来看,无论是工厂还是经销商并没有太大的库存压力,所以资金占用情况并不严重。试想一下,如果你是钢厂,在没有库存压力、手头上资金也比较宽裕的情况下,你会降低价格吗?

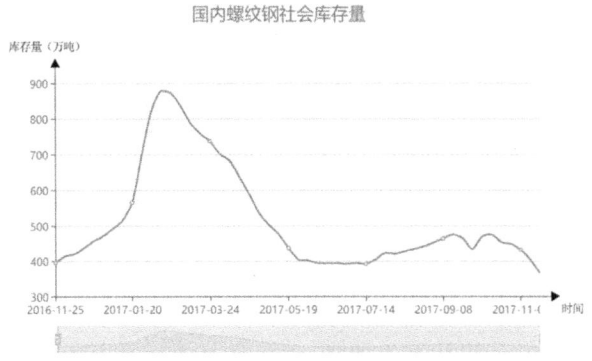

图 21-1 螺纹钢的社会库存情况

螺纹钢期货与现货的基差情况

2017 年 11 月月底，盘面上黑色品种又一次有了上涨的趋势，rb1801 和 rb1805 纷纷上涨。笔者之前也介绍过如何获取基差方面的数据：从生意社网站上不仅可以得到数据，还可以得到相关的趋势图。从图 21-2 中不难看出，当下螺纹期货合约是贴水的，最近合约和主力合约也都是贴水的，而且主力合约贴水比较大。在满足了低库存的前提下，螺纹钢又满足了深度贴水的条件。

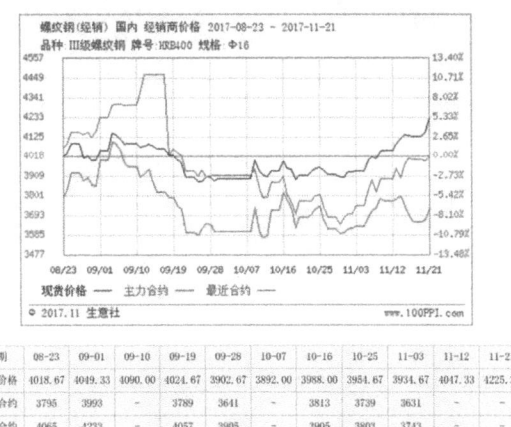

图 21-2 螺纹钢现货与期货走势图

技术信号的介绍

根据我们的交易理念,在库存和基差都符合条件的情况下,接下来就是使用技术验证了。由于不同的交易者所选择的技术指标或者方法不同,技术信号的选择没有共同的标准,笔者个人习惯使用日线级别的分型来作为入场信号。

当然,在笔者涉猎的技术分析领域,涉及分型的只有混沌交易法和缠论,这里采取的是缠论中对分型的定义。从rb1801的日K线走势上看,明显出现了底分型,但是由于换月因素,rb1801对应分型下面的持仓量并不大,但是依然满足入场的技术信号(如图21-3所示)。

图 21-3　螺纹钢主力合约出现底分型

再来看一下rb1805的情况,显然,rb1805同样出现了缠论中的底分型,而且由于换月因素,交易量也不断放大,也满足了入场的技术信号(如图21-4所示)。

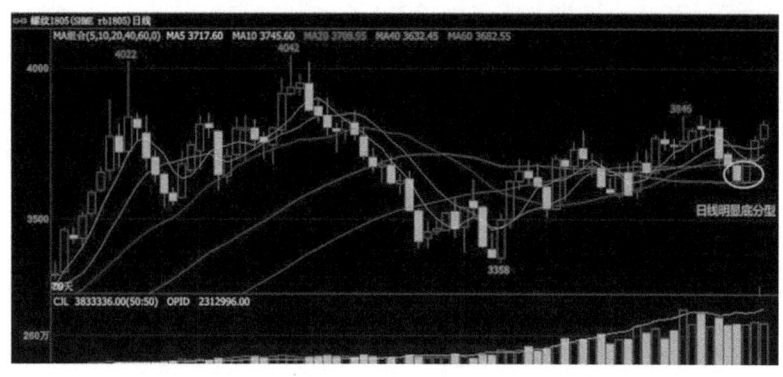

图21-4 螺纹钢次主力合约出现底分型

宏观与产业利润情况

宏观情况现在基本上是中性偏紧的,其实当下宏观情况对商品的影响不如产业自身对商品的影响大,只要不是宏观情况非常好或者非常差,基本上还是以产业的影响为主。从产业利润上看,理论上高利润不可持续,但是在供给侧改革的背景下,钢厂集中度比较高,扭曲了这个市场,导致螺纹现货的高利润持续了很长时间。这可能是政策导致的,我们需要注意一下这方面的问题。所以,宏观基本上影响不大,产业方面虽然利润高,但是也要考虑政策因素。

如何选择期货合约

经过上边的分析,我们发现,螺纹钢期货基本上符合入场做多的所有条件,那么现在问题来了,我们应该做多1月合约还是5月合约呢?这就存在一个个人取舍的问题了,笔者个人更加偏向选择做多1月合约,虽然当下盘面上1月合约似乎不如5月合约涨得多,但是5月合约比1月合约的波动更大、风险更大。

之前曾经提过，时间因素对交易也非常重要。rb1801 距离交割不足一个半月，所以随着换月因素以及交割的临近，期货向现货修复的可能性比较大；而 rb1805 距离交割时间比较远，存在预期的不稳定性，所以盘面波动会比较大，交易者入场时机选择不好或者持仓比例过重的话，往往会拿不住单子。从安全性的角度来讲，rb1801 是比 rb1805 更好的选择！

第 22 章

宏观对冲的预测验证

绝大部分喜欢做短线的交易者都喜欢交易工业品,而不喜欢交易农产品,因为工业品的波动比农产品更大一些,参与短线的机会更多一些。然而,从追求安全稳定的角度来看,笔者认为其实农产品比工业品更适合广大期货交易者。

多农产品空工业品对冲

工业品周期通常要早于农产品的周期,当下工业品的价格处于相对高位,而全球农产品的价格处于相对低位,所以,从价格相对高低的角度来讲,做多农产品比工业品更安全。除此之外,由于2016年—2017年工业品已经出现了一定幅度的上涨,而农产品并没有出现较大幅度的上涨,这是因为农产品周期相对滞后于工业品的周期,所以从时间角度来讲,农产品可能也会存在一轮上涨行情。

农产品中的豆粕和PTA

在农产品当中,笔者比较看好豆粕和PTA,当然PTA严格来说算是化工品。这个观点笔者在2018年春节前就已经在自己创建的微信群里跟群友聊过,结果春节后开盘大涨,很多群友表达了对笔者的感谢。虽然全球大豆的产量在不断增加,但是大豆定价权在国外,国内压榨企业现在基本上已经放弃豆油了。因为豆油的替代品特别多,例如菜油、花生油、棕榈油、橄榄油等,导致豆油的库存不断累积,达到了150万吨,压榨企业现在更大的动力在于挺粕。

豆粕主要是家畜养殖用的饲料,消耗相对较快,而且压榨大豆产生的豆粕量也比较大,压榨企业为了维持自身的利润,要么挺粕、要么挺油。在粕与油之间,压榨企业更倾向于选择挺粕,所以油粕比一路下跌,都跌到1.9了。历史上,当油粕比低于1.8的时候,通常会开始反过来做,但是近年来很多套利的方法都渐渐失效,所以油粕比可能会继续创新低。

看多PTA的简单逻辑

看多PTA的原因是:一方面,PTA经历过长期下跌,产业内关闭了很多小的企业,剩下了恒逸石化等四个比较大的生产商,产业出清基本完成;另一方面,当下PTA的价格处于历史相对较低的位置,继续向下的空间有限,向上的空间较大,盈亏比十分合适。此外,当下PTA的库存和注册仓单的量也相对较低,没有库存压力的企业在不断提高PTA的现货价格。这几点都是看多PTA的原因。

当然,原油价格的变化对PTA价格的影响也是比较大的。原油价格已经创了近几年的新高,是继续向上还是向下,不好确定。每当原油价格下跌时，PTA 价格早晨开盘就跳空下跌，一旦原油企稳，PTA 价格就会迅速上涨，就像 2018 年春节后 PTA 价格的上涨一样。

关于工业品，无论是黑色、有色还是化工，基本上都经历过一定程度的上涨，好多品种都处于近两年来的相对高位。而且美联储加息预期非常强烈，一旦美联储加息，美元走强，对大宗商品，尤其是那些金融属性比较强的工业品来说都是较大的利空。所以，从安全性和价值性的角度来讲，个人比较看好农产品的安全边际和价值洼地。

第 23 章

棉花看涨的预测逻辑

2017年年末,笔者就发表了自己的观点:全球工业品价格处于相对高位,而农产品价格处于相对低位,农产品的周期通常长于工业品的周期,近两年工业品价格大涨后,2018年农产品做多的机会大于工业品。所以在2018年春节前,笔者在群里给群友推荐了两个品种,一个是豆粕,另一个是 PTA,这两个品种都是可以中长期配置多单的品种。很多持续关注笔者专栏的朋友对笔者的交易理念和方法比较认可,所以跟着做多 PTA 和豆粕。

笔者其实并不愿意给人操作上的建议,因为这是出力不讨好的一件事,做对了跟笔者没有任何关系,但是如果做错了,估计大家都会埋怨笔者。只是当时好多群友私信笔者,问这个品种能不能做多,那个品种能不能做空,消息太多,实在不能够一一回复,所以就把自己对豆粕和 PTA 的看法在群里公布了。结果公布之后更麻烦,更多的群友开始问我,豆粕和 PTA 已经涨起来了,除这两个品种外,还有什么品种是可以做的。现在笔者再介绍一个自认为有潜在机会的品种。

按照之前介绍的交易方法,笔者打算从库存、基差、价格、时间和技术信号的角度来介绍一下,为什么笔者认为棉花存在潜在做多的机会。

从库存角度看郑棉

国内棉区主要分为新疆棉区和其他棉区,由于国内补贴政策的倾斜,新疆棉区种植面积不断增加,而其他棉区种植面积不断下降。然而现在新疆棉区几乎没有可增加的种植面积了,从历史来看,新疆棉区棉花年产量上限为 550 万吨,其他棉区棉花年产量基本保持在 100 万吨。由于没有明显的种植技术进步,单产提高比较困难,所以国内棉花年产量保持在 650 万吨,而国内每年消费 800 万吨,还有 150 万吨的缺口。

国家粮食和物资储备局(简称:国储局)2016 年抛储 266 万吨,2017 年抛储 322 万吨,2018 年预计抛储 300 万吨左右(笔者交稿时,2018 年还未过完)。抛储价格对棉花期货价格有一定的影响,此外,频繁抛储后,2018 年国储局剩下的储备量在 200 万~300 万吨的水平,不够全国半年的消费,这个储备量处于历史较低水平,不排除国储局后期会加大储备棉的收储力度。当然,棉花进口采取的是配额制,国外市场的量与价格对国内影响有限。此外,军用棉数量属于隐性库存,具体多少不清楚,对市场的影响也不会太大。

棉花的种植面积是近 50 年以来最小的,新疆棉区产量增长的空间不大(如表 23-1 所示),在国内棉花紧缺的情况下,只有让棉花价格上涨,其他非新疆棉区的农民才有改种棉花的动机,棉花的产量才会大幅增加。所以,这也是未来棉花看涨的一个重要逻辑。

表 23-1　全国 2007—2016 年棉花种植面积及区域结构

年度	全国(千公顷)	新疆(千公顷)	其他地区(千公顷)	疆棉占比
2007	5926	1783	4143	30.09%
2008	5754	1719	4035	29.87%
2009	4952	1409	3543	28.45%
2010	4849	1461	3388	30.13%
2011	5038	1638	3400	32.51%

续表

年度	全国（千公顷）	新疆（千公顷）	其他地区（千公顷）	疆棉占比
2012	4688	1721	2967	36.71%
2013	4346	1718	2628	39.53%
2014	4222	1953	2269	46.26%
2015	3797	1904	1893	50.14%
2016	3376	1805	1571	53.47%

数据来源：wind 资讯

需要注意的风险点是，从郑商所提供的数据来看，当下棉花的仓单水平还是比较高的（如图 23-1 所示），抛压比较大。也需要关注一下内外盘价差、国家的一些产业政策，以及储备棉拍卖价格与成交情况。

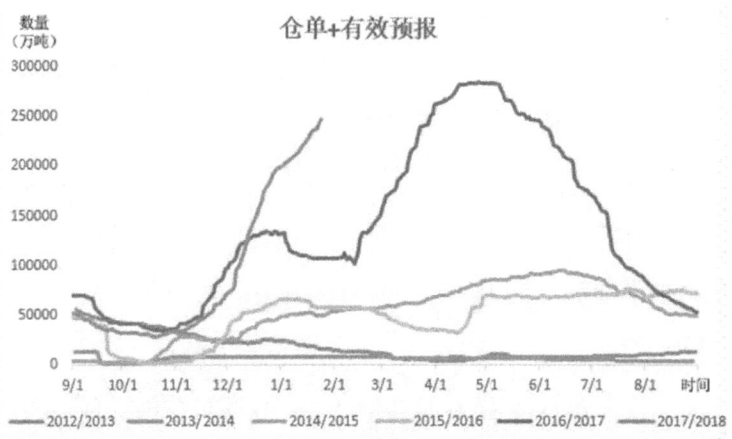

图 23-1 郑棉的注册仓单和有效预报情况

从基差角度看郑棉

由于天下粮仓和农产品期货网等专业的农产品数据网站都是付费的，所以基差数据交易者还是以参考生意社网站上的数据为主。从图 23-2 中不难看出，无论是最近合约还是主力合约，棉花期货依然是贴水的，也就是说现货价格要高于期货价格，这对于做多来说存在一定的安全边际。

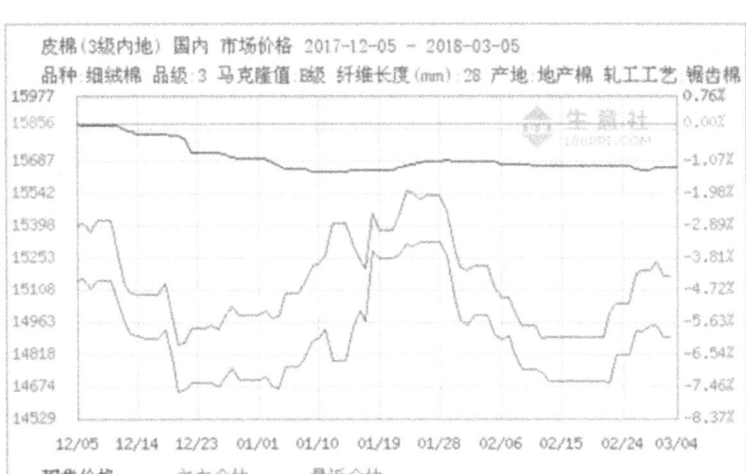

图 23-2 郑棉期货合约处于贴水状态

除此之外，从整个棉花的期货合约来看，近月价格小于远月价格，是明显的正向市场，说明未来是看涨行情，也符合我们做多的大方向（如图 23-3 所示）。

图 23-3 郑棉期货合约是正向市场

从价格角度看郑棉

从棉花价格指数角度看,棉花期货的历史最高价格为 33692 元/吨,最低价格为 9990 元/吨,2018 年 3 月份,棉花价格为 15200 元/吨。从价格高低角度来讲,当下 15200 元/吨的价格在历史价格中的位置是(15200－9990)÷(33692－9990)≈21.98%,处于历史较低位置。

再结合时间与价格角度来看一下当前棉花价格的位置情况。笔者以棉花价格指数的月 K 线数据为例,图 23-4 中共有 166 个观测值,收盘价大于 15200 元/吨的有 70 个,从这个角度看,当下棉花期货价格的历史位置情况为(166－70)÷166≈57.83%,这个价格处于历史中等位置。

所以,从价格角度看,棉花距离历史最低价格只差 21.98%,属于历史较低位置;结合价格与时间看,棉花价格距离最低价格差 57.82%,属于历史中等位置。当然,市场很少会给你最好的机会,当下的价格情况已经算不错的了。

从时间角度看郑棉

如图 23-4 所示,棉花价格指数的历史最高点出现在 2011 年 2 月,历史最低点出现在 2016 年 2 月,棉花价格从 2011 年一路跌到 2016 年,经历了 6 年时间的下跌调整,在 2016 年 2 月经历了短暂上涨后,又一直调整到现在。从时间的角度来讲,棉花价格的调整时间已经相对充足了,随时有爆发大行情的可能性,只是需要基本面的配合。当然,也需要持仓量的放大,根据笔者以往的观察,棉花这个品种爆发大行情的时候,持仓量都在 30 万手以上。

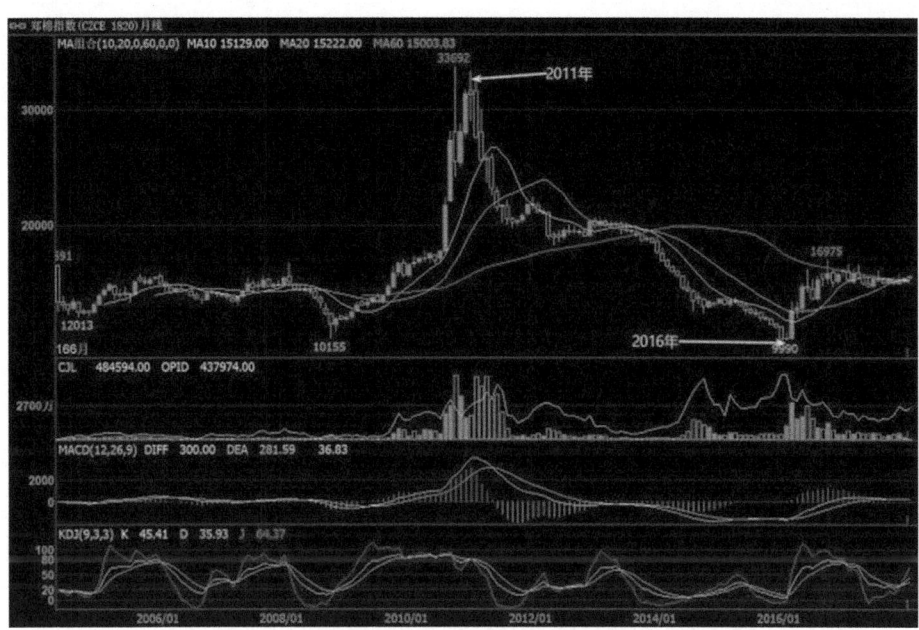

图 23-4　郑棉期货主力合约的月 K 线图

从技术信号角度看郑棉

在之前的内容中，笔者一直强调非线性理论中的分型理论，不擅长"裸 K＋分形"理论的交易者可以根据均线与 K 线的位置关系来寻找入场的时机，也就是利用均线来确定方向，线上看多只做多，线下看空只做空，定好方向后，只做一个方向，再利用线上的底分型信号买入，线下的顶分型信号卖出，将其作为介入的买卖点。

就目前的技术信号（截至本书成稿时）来看，棉花依然处于一个宽幅震荡的形势下，当下已经介入的交易者，可以先以震荡思路来进行交易，进行高抛低吸，如果此次棉花的上涨幅度能够超过之前，而且回调时不创新低，那么再次上涨的时候是可以考虑跟进做多的，此时要转变为趋势跟随的交易思路。

第 24 章

橡胶看空的预测逻辑

沪胶的库存与基差情况

橡胶价格从 2017 年年初的 22000 元/吨跌到 2017 年 11 月月底新低的 12820 元/吨后,开始了小的反弹行情。一些不关心基本面的交易者在主观上认为,橡胶价格已经跌到了历史较低位置,现在抄底的盈亏比十分合算,因为未来下跌的空间有限,而上涨的空间似乎更大一些,所以纷纷介入做多了。还有一些关心基本面的交易者,只是缺乏一定的交易法则,看到上海期货交易所(简称:上期所)仓单减少了 20 万吨,盘面上橡胶期货价格也开始上涨了,就认为橡胶价格反转了,开始跟着做多。

根据笔者之前介绍的交易法则,交易者应从**库存、基差、技术信号**三个维度进行考量,同时需要注意**产业利润与宏观**两个方面的因素。

从库存来看,橡胶依然处于高库存状态,需要注意的是,仓单减少了 20 万吨,一方面是由于 ru1711 在进行交割时被多头直接带走,另一方面是由于 2017 年的老胶无法继续注册仓单且不能在 2018 年进行交割。所以进行了库存转移，总库存下降并不是很多，库存依然很高。

从基差来看，ru1801一直处于高升水状态。

从技术信号来看，现在没有任何入场做空的信号，还需要继续等待。为什么依然看空橡胶呢？因为下游需求并没有太大的起色。如图24-1所示，这注销的**20万吨仓单对应的货物被抛到现货市场上**，会对现货价格造成比较大的压力，供应宽松的情况会加剧，现货价格进一步下跌的可能性比较大，这样一来，期货价格下跌的概率也是非常大的。所以笔者不认为追多橡胶是好的选择，在期货市场上有那么多品种，做多的时候，应该选择低库存且贴水的，而不是橡胶这种高库存且升水的品种。

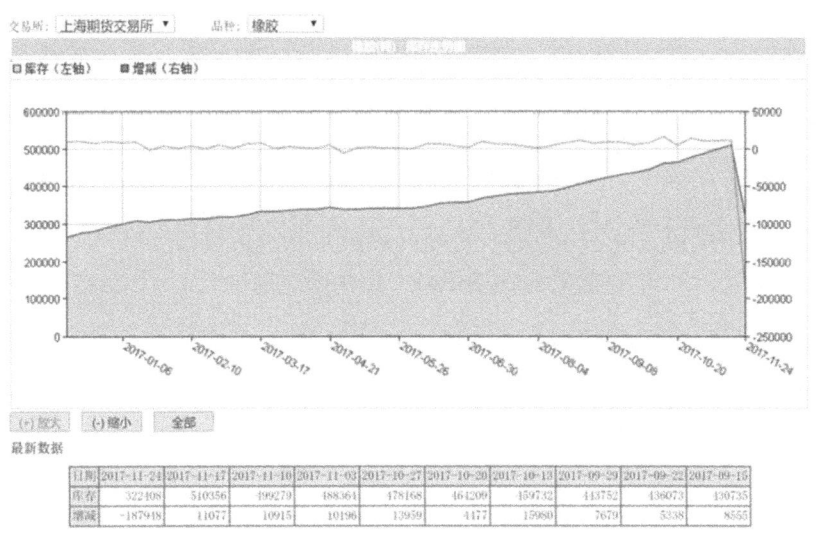

图24-1 天然橡胶的库存情况

既然不可以追多，那么是不是就可以做空呢？当然也不是。一方面，ru1801还未呈现出开仓入场做空的明显技术信号；另一方面，我们不知道会不会发生逼仓的情况。也许你会好奇，在高库存的情况下，多头也敢逼仓吗？是的，按照常理来说，如果现货市场上货源充足的话，那么多头很难逼仓。但是由于交割制度的约束，ru1709交割获得的老胶无法在ru1801

上继续进行交割，也正是基于这个原因，ru1801 才能够升水 4000 元/吨以上。

研究交割制度的重要性

关于橡胶期货交割的要求，国营胶场产的标一和泰国 3 号烟片胶可以进行交割，民营农场产的橡胶是无法进行交割的，但由于从泰国进口的 3 号烟片胶要比国内的 SCR WF 质量好、价格高，所以基本上没有人会选择用高质量、高价格的 3 号烟片胶进行交割，在国内期货市场上进行交割的基本上都是几大国营胶场生产的橡胶。这是第一个核心问题！

此外，上期所还规定：**国产天然橡胶在库交割的有效期限为生产年份的第二年的最后一个交割月份，超过期限的转作现货。**橡胶期货每年最后一个交割月份是 11 月，以 2016 年生产的橡胶为例，2016 年产的橡胶最迟在 ru1711 上进行交割，否则无法进入 2018 年之后的合约进行交割。如果只看这一点，你可能会觉得在 ru1801 上进行交割的只要是 2017 年生产的胶就可以了，2017 年都过去了，那么 ru1801 不是应该有很多可以进行交割的货吗？其实并不是。

上期所还规定：**当年生产的国产天然橡胶如要用于实物交割，最迟应当在第二年的 6 月份以前（不含 6 月）入库完毕，超过期限不得用于交割。**这一点很重要！试想一下，如果你是国营胶场，你手中有 2016 年的老胶和 2017 年的新胶，你打算在 ru1709 合约上进行交割，注册仓单时会用 2016 年老胶还是 2017 年新胶呢？显然是用 2016 年老胶，因为 2017 年新胶既可以在期货市场继续抛，如果价格合适，还可以在现货市场上直接抛，而 2016 年的老胶如果不进行交割的话，以后只能在现货市场上抛，那就无法确保交易者的利益最大化。

所以，如果交易者打算把 2016 年的老胶在期货市场抛掉，就必须在 2017 年当年的 6 月份之前，将这些老胶注册成仓单放在上期所指定的交割仓库，当然这都是有成本的，每吨橡胶每天都需要交一定的费用，然后交易者可以在当年的 9 月合约、11 月合约甚至是 7 月合约、8 月合约上陆续交割出货。这些通过交割获得的胶都是 2016 年的老胶，无法再在期货市场上继续注册仓单进行流通，只能在现货市场上消化。

这也解释了为什么橡胶 9 月合约交割后无法在来年 1 月合约中继续进行交割。根本原因在于，当年进行交割的橡胶基本上都是上一年度生产的橡胶，而本年生产的橡胶基本上都在下一年度的合约中进行交割。沪胶期货主力合约的月 K 线图如图 24-2 所示。

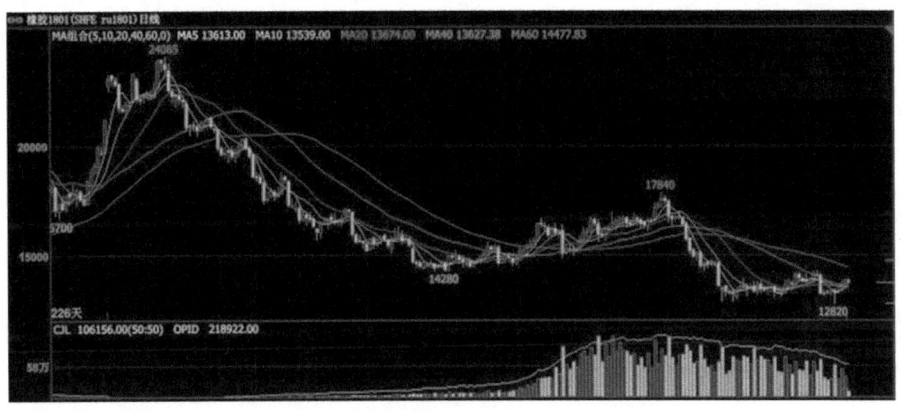

图 24-2　沪胶期货主力合约的月 K 线图

从博弈的角度思考问题

当下橡胶期货价格比现货一直保持升水 2000 元/吨，而新胶基本上都在国营胶场手中，那么 ru1801 在进行交割时，其他做空的产业到底有没有 2017 年产的新胶在进行交割呢？不太清楚！从各自的角度来看，**如果多头希望空头没有那么多 2017 年新胶进行交割，那么多头就敢逼仓。**

空头当然希望自己有足够多的新胶进行交割,但新胶基本上都被国营胶场把控,现货价格又比期货低 2000 元/吨。除非空头愿意接受高价格买入新胶,否则国营胶场不可能把 2017 年的新胶按照当下较低的市场价格出售,所以**如果空头手中没有足够的 2017 年新胶,其实还是比较被动的,一边可能受制于多头的逼仓,另一边受制于国营胶场的加价。**

再从国营胶场的角度来讲,胶场有新胶,如果发生逼仓,空头溃败,橡胶期货价格上涨,这对于胶场在期货市场上出售橡胶更有利;如果不发生逼仓,在高库存、高升水的情况下,多头溃败,期货价格跌下去,对胶场来说似乎并不太好。

举例来说,假设国营胶场在期货市场上抛货的价格是 14000 元/吨,如果期货价格涨到 15000 元/吨,国营胶场期货账户每吨亏损 1000 元,但是交割时价格是 15000 元/吨,抛货时价格是 14000 元/吨,而此时橡胶价格处于高位,如果笔者此时继续抛的话,抛货时价格是 15000 元/吨。相反,假设期货不是上涨的,而是下跌到 13000 元/吨,国营胶场期货账户每吨获利 1000 元,交割时价格是 13000 元/吨,抛货时价格是 14000 元/吨,但此时橡胶价格是 13000 元/吨,如果笔者此时再抛货的话,价格就是 13000 元/吨,显然不如笔者在 15000 元/吨时抛货赚得多。

所以,**在橡胶需求量不高、库存较高、期货高升水的情况下,国营胶场更希望发生逼仓,期货价格涨得越高越好。**

如果能理解上面介绍的交割制度及对橡胶期货当下多头、空头、国营胶场各方利弊,你就不难理解为什么 ru1801 的价格一度比 ru1709 高出 4000 元/吨。因为 ru1709 交割的货不能够进入 ru1801 再次交割,所以多头可能猜测空头没有足够的新胶进行交割,交易者就敢做多。

当然,由于那个时候还是比较早的,这算不上逼仓,逼仓基本上都是发生在离交割日比较近的时期。国营胶场看到 ru1801 升水 4000 元/吨，估计会趁机抛点新胶出货，将期货升水幅度从 4000 元/吨修复到 2000 元/吨。沪胶期货次主力合约月 K 线图如图 24-3 所示。

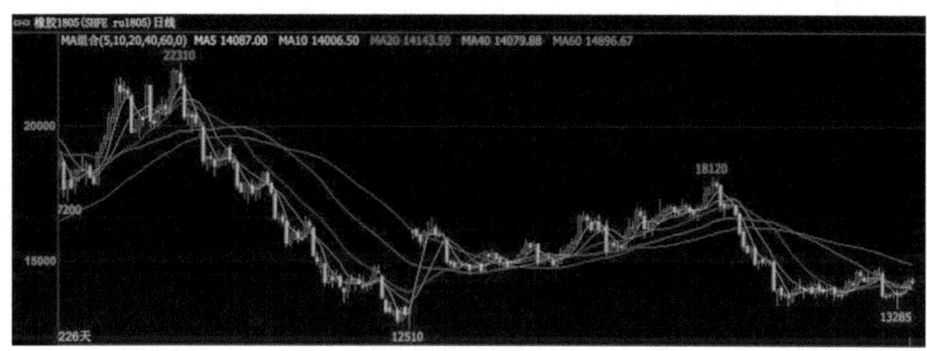

图 24-3　沪胶期货次主力合约月 K 线图

总之，最安全的做法是等待时机做空 ru1805。当 ru1801 交割之后，2017 年的新胶就会流入市场，可以继续在 ru1805 合约上进行交割，发生逼仓的概率比较低。在橡胶高库存、高升水的情况下，由于需求偏小，老胶无法快速消化，新胶又将继续流入市场，届时仓单压力又会增加，ru1805 继续下跌的概率非常大。

至于 ru1801，出于谨慎性原则，一方面有可能发生逼仓，另一方面具体时间够不够不太确定，如果时间不够，ru1801 可能不会平水交割，有可能略微升水交割。这个时候，交易者还是应该继续观察一下，按照之前的交易逻辑，应等待择机做空，但是也需要谨防制度约束下的逼仓行为。

最后，**建议交易者细心研读一下《上海期货交易所交割细则》，否则，你所学的知识在制度的限制下都将失效**。当然，对于纯技术交易者来说，这些是没必要考虑的，毕竟技术分析者跟基本面分析者讲技术，或者基本面分析者跟技术分析者讲逻辑，都如同鸡同鸭讲。

附录 A

常见的数据查询网站

一、库存与仓单数据

1. 上海期货交易所（http://www.shfe.com.cn/）

2. 大连期货交易所（http://www.dce.com.cn/）

3. 郑州期货交易所（http://www.czce.com.cn/portal/index.htm）

4. 中国金融期货交易所（http://www.cffex.com.cn/）

5. 上海国际能源交易中心（http://www.ine.cn/）

6. 西本新干线（http://www.96369.net/）

7. 99期货网（http://www.99qh.com/）

二、现货与基差数据

生意社（http://www.100ppi.com/）

三、宏观经济数据

1. 国家统计局（http://www.stats.gov.cn/）

2．中国海关总署（http://www.customs.gov.cn/）

3．中国人民银行（http://www.pbc.gov.cn/）

四、研究报告

1．慧博投研资讯（http://www.hibor.com.cn/）

2．股票报告网（http://www.nxny.com/）

3．Wind 金融终端（http://www.wind.com.cn/）

4．源点资讯（http://yd.yafco.com/）

五、资讯类网站

1．华尔街见闻（https://wallstreetcn.com/）

2．扑克投资家（http://www.puoke.com/sns/index.php）

3．对冲研投（http://bestanalyst.cn/yantou）

4．期货日报（http://www.qhrb.com.cn/）

5．农产品期货网（http://www.ncpqh.com/）

6．笔者的钢铁网（http://www.mysteel.com/）

7．长江有色金属网（http://www.ccmn.cn/）

致　　谢

　　期货市场是个大舞台，期货市场风云变幻、惊心动魄，大家都想进入。赔钱的想捞本，赚钱的想发大财，这是绝大多数期货交易者的心理状态。为了能够在期货市场中赚到大钱，期货交易者几乎用了各种能用得上的方法与技巧，结果亏钱的还是大多数人，且亏钱之后往往急于翻本，最终又犯下更大的错误，亏更多钱。一些赚了钱的交易者，往往把期货市场当作自己的提款机，还想赚更多的钱，但因为没有一套行之有效的交易方法，又把赚的钱亏回去了。

　　在多年的期货交易中，笔者曾先后学习和实践过多种交易方法，从最初的以技术分析为主，到后来的以基本面分析为主，再到最后的基本面分析与技术分析相结合的方法。这个阶段看似非常简单，但是当笔者深陷其中的时候，挣扎了好长时间。最初在沉迷于技术分析时，笔者尝试过多种技术分析方法，技术分析不是不能够赚钱，但搞不清楚自己赚钱的依据是什么，这么做为什么赚钱，下一次这么做为什么亏钱。当然技术分析也不需要搞清楚为什么，只需要看和干，这样的交易方式让人很不放心。

后来，笔者跳出技术分析的思维框架，去寻找其他交易方法，研究了好多基本面的交易大师的方法，才发现基本面分析法说起来简单，但是想形成一套行之有效的体系是非常困难的，在这个过程中笔者吃尽了苦头，观察了很多现象，并对其进行归纳、分类、总结后，最终才形成自己的分析框架。

再到后来，笔者开始完善自己的资金管理系统。无论是技术分析还是基本面分析，抑或是二者的结合，想要在交易实战过程中取得不错的业绩，都离不开良好的资金管理。所以目前笔者的整个交易体系是"基本面分析+技术分析+资金管理"三者结合，其中技术分析占的比重比较小，主要是基本面分析和资金管理，这对于交易风险的事前防范能够起到非常重要的作用。

在整个期货交易和学习的过程中，笔者遭遇过多次令人大喜或大悲的行情，在形成自己的交易体系后，交易才变得相对稳定起来，但还不是绝对的稳定。在这个过程中，要感谢傅海棠、刘福厚、林存福、梁瑞安等几位交易者，他们所分享的一些交易理念让我受益匪浅，在他们交易理念的基础上，笔者形成了自己的交易体系。也非常感谢扑克财经、对冲研投的一些朋友，他们所分享的一些产业相关的知识，开拓了笔者的眼界和思路。此外，还要感谢广大知乎网友，在与他们的交流与互动过程中也学到了很多、收获了很多，很受启发，没有他们的帮助，笔者恐怕很难有时间、精力和勇气完成这本书。

最后，还要感谢我的父母，感谢他们这么多年的养育之恩，感谢他们对我的教育，没有他们的鼓励，我很难完成这本书。我还要感谢我的朋友王朝阳，在我放松懈怠的时候不断激励我坚持下去，坚持把这本书写完，没有他的支持与鼓励，我不可能完成本书的写作。

由于时间仓促、水平有限，本书难免有疏漏不当之处，欢迎广大读者和金融界同仁，尤其是期货交易者进行批评指正。

Jerry Ma

2018 年于成都